# 一本书读懂培训师工作法则

张玉 著

中华工商联合出版社

### 图书在版编目（CIP）数据

一本书读懂培训师工作法则 / 张玉著. -- 北京：中华工商联合出版社，2023.5
ISBN 978-7-5158-3659-1

Ⅰ. ①一… Ⅱ. ①张… Ⅲ. ①企业管理－职工培训 Ⅳ. ①F272.92

中国国家版本馆CIP数据核字（2023）第068005号

---

**一本书读懂培训师工作法则**

| | |
|---|---|
| 作　　　者：| 张　玉 |
| 出 品 人：| 刘　刚 |
| 图 书 策 划：| 蓝色畅想 |
| 责 任 编 辑：| 吴建新　关山美 |
| 装 帧 设 计：| 胡椒书衣 |
| 责 任 审 读：| 郭敬梅 |
| 责 任 印 制：| 迈致红 |
| 出 版 发 行：| 中华工商联合出版社有限责任公司 |
| 印　　　刷：| 凯德印刷（天津）有限公司 |
| 版　　　次：| 2023年5月第1版 |
| 印　　　次：| 2023年5月第1次印刷 |
| 开　　　本：| 710mm×1000mm　1/16 |
| 字　　　数：| 200千字 |
| 印　　　张：| 14.5 |
| 书　　　号：| ISBN 978-7-5158-3659-1 |
| 定　　　价：| 56.00元 |

---

服务热线：010-58301130-0（前台）
销售热线：010-58302977（网店部）
　　　　　010-58302166（门店部）
　　　　　010-58302837（馆配部、新媒体部）
　　　　　010-58302813（团购部）
地址邮编：北京市西城区西环广场A座
　　　　　19-20层，100044
http://www.chgscbs.cn
投稿热线：010-58302907（总编室）
投稿邮箱：1621239583@qq.com

**工商联版图书**
**版权所有　盗版必究**

凡本社图书出现印装质量问题，请与印务部联系。
联系电话：010-58302915

# 自 序

写这本书的缘由有很多，归纳起来可以有以下几点：

第一，客户的美好期待。客户是任何一家企业经营的原点，而把隐性经验显性化，形成书籍文本，更能满足客户的期待。

第二，学员的殷切期望。很多学员深感我传授的内容实用有效，对自己改变巨大，期待我能整理成系统文本供长久学习之用，这份责任和期许不容忽视。

第三，深度学习的鞭策。我接触培训行业已有十几年时间，课程内容已经经历过千场培训的检验和迭代，不能老是停留在PPT课件的层次。出书实际上是倒逼自己把过往的实践上升为观点理论，进行总结、整理、提炼、归纳的过程。

第四，系统思考的要求。组织学习大师彼得·圣吉在其专著《第五项修炼：学习型组织的艺术与实践》中提出了系统思考这项重要修炼，而写书就是把碎片化的知识进行系统化整合的一种方式。

第五，著作等身的愿景。人生时间有限、生命有限，要把有限的生命投入到有意义的事情上，才能体现生命的价值。而我能以著作等身作为愿景去追寻精神世界的丰富，是一件非常有意义的事情。

其实我一直有写书的计划，也曾动笔写过，但是对比知识管理领域的经典书籍，感觉落差太大，就没有继续写下去。在与学员培训交流中，我感悟到完成比完美更重要，有比没有更重要，又受迭代精进思想的启发，决定继续完成书稿的创作。

我近几年的培训涉足了很多行业，接触的学员达到数万名，深知自己身上责任重大。学高为师，身正为范，讲师不仅仅是给学员传授知识和技能，更多的是传递思想。

在当今时代，企业需要的不仅是人才，更需要复制人才的系统，而讲师恰恰是复制人才的主力军。完整的人才复制系统涉及的方面较多，我将在后续的系列书籍中专门介绍。本书主要聚焦在初级讲师基本技能的提升上，是整个人才复制系统中的一小部分。

正所谓"基础不牢，地动山摇"，凡事都需要从基础做起。本书的定位就是一本简单的初级读物，全书共分为八个部分，主要探讨一些讲师的基本技能，从出彩课堂、持续学习、培训状态、培训方法、魅力表达、完美呈现、互动、控场八个维度去做分析和解读，以期抛砖引玉，启迪更多的思考。与本书结缘有以下三点需要关注：

第一，本书比较适合初级讲师学习，初级就是打基础。请坚信，简单的事情重复做，你就会变为专家；重复的事情专注做，你就会变为赢家；简单的东西练到极致，你就会变为大家。

第二，学习贵在融会贯通。本书内容大多是从课堂总结提炼而来，学习时建议结合具体场景来理解并消化。

第三，如果您觉得这本书对您有所启发，欢迎您把它推荐给更多愿意学习的人。

本书编写时受限于我的认知水平，纰漏与不当之处在所难免，请广大读者朋友指正，我定将您提出的建议视为学习的机会，去拓展自己的认知圈层。

2022年4月20日

作者于青岛

写给爱学习的你

你身上的才华是永久的"化妆品"

# 目 录

自 序

## 第一章 让你的课堂更出彩
第 1 节　给课堂出彩下一个定义 /3

第 2 节　你心目中的出彩课堂到底什么样？ /9

第 3 节　熟悉学员学习的特点 /18

第 4 节　用左右脑交替授课 /23

第 5 节　持续不断地抓住学员注意力 /26

第 6 节　你属于哪类讲师？ /28

第 7 节　讲师扮演的具体角色 /30

## 第二章 持续引领你的学员
第 1 节　讲师学习的方式 /35

第 2 节　最好的学习方式是什么？ /40

第 3 节　用输出倒逼自己转化 /43

第 4 节　你的学习处在哪个段位？ /45

第 5 节　学习提升还有哪些维度？ /48

第 6 节　有效的学习应该处在哪个区？ /53

## 第三章　保持最佳培训状态

第 1 节　讲师到底应该传播什么？ /59

第 2 节　塑造充满自信的课堂 /61

第 3 节　心流状态是课堂的最佳培训状态 /67

第 4 节　做一个情绪稳定的讲师 /70

第 5 节　保持最佳培训状态还有哪些注意事项？ /75

## 第四章　选择合适的培训方法

第 1 节　因材施教与因内容施教 /79

第 2 节　你的培训方法属于几星级？ /83

第 3 节　讲授法在培训中的运用 /92

第 4 节　小组讨论法在培训中的运用 /95

第 5 节　角色扮演法在培训中的运用 /98

第 6 节　视频法在培训中的运用 /101

第 7 节　示范法在培训中的运用 /103

第 8 节　案例分析法在培训中的运用 /105

第 9 节　游戏法在培训中的运用 /110

## 第五章　让你的表达更清晰可见

第 1 节　你的表达属于哪一类？/115

第 2 节　如何才能做到魅力表达？/117

第 3 节　结论先行，提炼结论的路上有哪些坑？/120

第 4 节　能把事情说清楚的结构 /122

第 5 节　完整的表达需要考虑哪些因素？/126

第 6 节　出色表达可以套用公式 /128

第 7 节　运用维度来进行破题 /131

## 第六章　完整地设计一堂课

第 1 节　设计一堂课的准备工作 /135

第 2 节　完整系统的课程开场设计 /139

第 3 节　耐人寻味的课程主体设计 /149

第 4 节　余音绕梁的结尾设计 /163

第七章 保持与现场学员的交互
  第 1 节 课程互动的积极作用 /171
  第 2 节 课程互动的形式 /174

第八章 进行高质量的控场
  第 1 节 培训前的控场 /197
  第 2 节 培训中的控场 /205
  第 3 节 培训后的控场 /210

后 记

# 第一章 让你的课堂更出彩

作为一个培训讲师，如果想让你的课堂更出彩，始终离不开三个要素，那就是课程、学员和讲师。对这三个要素理解越深，认知越到位，课堂出彩的概率就会越大。下面分别从课程、学员、讲师三个要素阐释让课堂出彩背后的规律。

## 第1节　给课堂出彩下一个定义

课程就是讲师的产品，课程就是解决问题的方案，课程就是讲师智慧的结晶，好的课程一定会帮助学员更好地完成当前的工作或者解决当下困扰他的问题，脱离了学员的具体工作场景或者现实问题的课程，几乎没有生存的土壤。

传统的课程开发，一般是先确定课程主题，然后进行主题之下的资料收集，最后进行课程设计及制作。现代的课程开发，一般是先确定遇到的问题，然后对问题进行详细分析，从而确定主题，再进行需求的整合及课程材料的组合，最后进行教学设计及课件制作。前者以干货和知识为核心，后者以问题的改进为核心；前者更偏重教育，讲求潜移默化，后者侧重培训，讲求立竿见影。对企业来讲，学知识不是最主要的，能不能拿着知识去解决自己的问题才是王道，可以说，问题解决型课程也是未来课程开发的主要类型。

讲师在课堂上讲得眉飞色舞，像演员表演节目一样逗得大家开怀大笑，前仰后合，这样的课堂叫出彩吗？

讲师在课堂上旁征博引，引经据典，抛故事，讲案例，讲得口干舌燥、声嘶力竭，这样的课堂叫出彩吗？

讲师在课堂上谆谆教诲，按部就班，害怕漏掉一个知识点，学员就学不到东西，希望在两个小时之内就把自己毕生的经验都呈现给学员，而学员却听得一脸茫然，这样的课堂叫出彩吗？

讲师在课堂上一会儿放音乐，一会儿放视频，一会儿又带领学员跳舞、唱歌、玩游戏。总之，讲师不会让学员闲着，很多学员玩得不亦乐乎，这样的课堂叫出彩吗？

讲师在课堂上讲的全都是干货，没有半点水分，比如步骤、流程、工具、方法、模型、模板、口诀等，可课堂气氛死气沉沉，明知道是干货就是听不进去，这样的课堂叫出彩吗？

讲师在课堂上全程都没有互动，讲授的方法就是靠念PPT上的文字，整堂课下来感觉像听机器人阅读一样，这样的课堂叫出彩吗？

以客户为原点的企业永远强大，以学员为原点的课堂永远出彩！

诺基亚前任CEO约玛·奥利拉曾说："我们并没有做错什么，但不知为什么，我们输了。"只一如既往地做好自己是不够的，长江后浪推前浪，时代抛弃你的时候，根本不会告知你。管理大师德鲁克在其《卓有成效的管理者》中也提出："只有外部世界才是产生成果的地方。"真正的实践应该以客户为原点，眼光向外看，塑造为客户创造价值的价值观，企业才能基业长青。同理，学员实际上就是讲师的客户，讲师能在台上站多久，取决于有多少学员能支持你，能支持你多久！脱离了学员去搞所谓自己的专业，到头来只能走诺基亚的老路。

一家企业强大不强大不是自己说了算，而是客户说了算；课程精彩不精彩也不是讲师说了算，而是学员说了算。以学员为原点，以讲师为主导，以课程为载体，以课堂为修炼场，去促进学员提升认知、修炼技能的课程才是最出彩的课程！

对于现场授课的讲师来说：一般的讲师坐在讲台上，看着电脑的PPT课件去讲解；好一点儿的讲师会离开电脑，站到讲台的中间位置去讲解；优秀的讲师会站在学员的面前去讲解，来回穿梭去察看学员的状态和理解情况；出彩的讲师会走进学员心里面去讲解，关注学员大脑里面到底发生了什么。

讲师真正的舞台并不在现实的教室里，而是在学员那个神秘的大脑里，能够在学员大脑里搭台演讲的讲师，课程必定出彩。

心里有学员，这叫内化于心，也是讲师立足的根基。除了做到内化于心，还要做到外显于行，因为讲师永远不知道学生会跟你学什么，模仿你什么。为人师表是讲师最基础的素质，讲师本身就是课堂中的形象代言人，为人师表，就要从"表面"开始。

从我多次对讲师的评审认证来看，初级的讲师往往会在以下几个方面犯错（如图1-1所示）。

行为举止不专业　　课程内容不熟悉

着装搭配不专业　　语言话术不专业

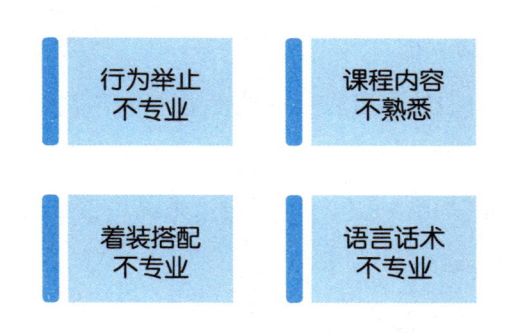

图 1-1　初级讲师容易犯的四种错误

第一，行为举止不专业。演示设备操作不专业，例如翻页笔不会用，PPT课件操作不熟练；小动作太多，例如老是背对学员；场地布置不专业，例如互动类的课程搞成排排坐。

第二，课程内容不熟悉。整个教学过程中，有一大半的时间目光停留在PPT课件上，忽视与学员的视线交流。当讲师对课件内容不熟悉的时候，就没有多余的精力去关注其他方面。

第三，着装搭配不专业。有的讲师不重视自身装束，随意穿着休闲装就登场。如果你开车行驶在大街上，随便一个人招呼你停车，你停还是不停？如果这个人穿上了交警的服装，你停还是不停？很多情况下，好的职业形象决定着行为效果。

第四，语言话术不专业。比如过多地使用方言或者俚语，运用一些太过生活化的语言或者讲低俗段子。讲师要宣讲传播正能量，做到三不讲：低俗的内容不讲、负能量的内容不讲、政治敏感的内容不讲。

专业的讲师形象，不仅给自己增加底气，也会给学员留下良好的印象，为培训成功打下坚实的基础。

具体来说，讲师形象的打造可以在如下几个方面发挥作用：

第一，营造良好的场域。专业的讲师形象会给学员传递积极正面的信号，获得大家的认同与支持，使讲师和学员共同形成一个良好的学习场域，推动培训顺利开展。

第二，提升自信的程度。良好的专业形象，就像一套高级的"战袍"，可以增加讲师的自信心。形象专业，感觉就不同；形象专业，内心就自信。俗语讲"相由心生"，但倒过来说"心由相生"则更加符合初级讲师的心理特点。

第三，体现对学员的尊重。"行有不得，反求诸己"，要让别人尊重自己，首先要尊重别人。良好的职业形象呈现在学员面前，本身就是对学员的尊重，讲师尊重学员，学员才会尊重讲师。

第四，体现讲师的专业。有一句话叫"距离产生美"，讲师在职业形象上下功夫，会与学员保持适当的"距离"，让学员感觉你每次都有变化，是个一直在变化中求进步的人，从而认可你作为他们的讲师。

到底如何塑造一个讲师的专业形象呢？我认为可以从三方面着手（如图1-2所示）。

图 1-2 专业形象塑造的三个方面

第一，关于行为举止的塑造。

一个有效的改善方法就是向电视台主持人学习，观摩他们的行为举止。改变自己最快的方式不是自我摸索，而是找到优秀的人，然后去模仿他们。一般来说，讲师需要在手、眼、身、法、步五个方面塑造自己："手"指各种手势姿态，比如伸手与学员互动，举手让学员起立等；"眼"指各种眼神神情，比如欣赏学员，目光俯视学员；"身"指身体姿势，比如昂首、挺胸、立正；"步"指各种步法，比如穿梭各组学员之间的T字型走法，上下来回地走动；"法"是各种表演技法的统称。

第二，关于语言话术的塑造。

讲师的语言话术主要体现在吐字归音上，吐字清晰，熟练运用轻重音来突出重点是基本要求；语音语调有高有低，抑扬顿挫，充满变化；语言不仅传递信息，还传递课堂正能量。

第三，关于外在形象的塑造。

从讲师性别来说，男女各有要求。一般情况下，男士西装应搭配深色袜子、白色衬衣，皮鞋以黑色或者棕色为主，切忌深色西装配白、红色袜子或者西装配运动鞋；女士以职业套装为主，皮鞋袜子和外套颜色搭配协调，首饰保持在三件以内为最佳，切忌穿着过于暴露，佩戴过多夸张的首饰。

曾子曰："吾日三省吾身。"我们都生活在自己认为的世界里，被自己设定的条条框框所束缚，只有去不断反思当下自我与过去的所见所闻，从中吸取经验教训，明确哪些事做得不够完善，哪些话说得不够恰当等，不断去修炼自己，才能不断超越昨天，成为更优秀的自己。内化于心，外化于行的课堂必然出彩。内化于心要求讲师心中始终装着学员，外化于行要求讲师为人师表，做出示范。内外兼修，德艺双馨，实为师也。

## 第2节　你心目中的出彩课堂到底什么样？

我曾经在企业内训师的课堂上，多次提起"你心目中的出彩课堂到底什么样"这样的问题，引发学员思考和分享，最后学员分享了大量的他们心目中出彩课堂的实例。

那是在初三的一次化学课堂上，当时初中中考将要来临，复习比较紧张。教化学的老师是一位50岁左右的男老师，平时严肃认真，属于同学见了都要赶紧低头认真学习的类型。当时我因为个子比较矮坐在第一排，就在老师的眼皮底下。老师在讲一道化学题的化学方程式时发现我开小差——在旋转手中的圆珠笔，然后老师就用手中的粉笔头砸向我，还大声批评我。我突然发现我的桌子上除了粉笔头还有一个奇怪的东西，金光闪闪的，仔细一瞧居然是颗大金牙。原来老师大声批评我时，把他的大金牙喷出来了。当时同学们都惊呆了，老师自己也惊呆了，气氛非常尴尬。从那之后同学们都知道化学老师戴了大金牙，后来老师在批评同学的时候只用粉笔头，再也不大声喊了。

这个故事的讲述发生在学员的分享环节。每次上课，不仅讲师要教给学员知识，同时学员也给讲师提供了活生生的素材，丰富了讲师的素材库，最好的课堂就是这种教学相长的课堂。人人是讲师，人人是学员的时代已经到来，讲师与学员之间的界限越来越模糊。《礼记·学记》中写道："学然后知不足，教然后知困。知不足，然后能自反也；知困，然后能自强也。故曰教学相长也。"原意是说，学的人通过学习知道自己的不足，教的人通过教别人知道自己还有难点，然后都再去进一步钻研，所以无论学的人还是教的人都能通过教学过程得到提高。有心的讲师讲课应该是越讲越丰富，这个丰富不是来自书上，也不是来自网上，更不是来自道听途说，而是来自活生生的课堂，来自师生之间的相互激发。孔子讲"三人行必有我师"，你若有心学习，人人都是你的讲师，你若无心学习，大师在面前你也学不进去。

那是在研究生二年级的统计学课堂上，我学的是土木工程专业，学院有一位号称背景比较"牛"的讲师，据说在清华大学执教多年，最近几年调到我们学院来教统计学。这位讲师的长相给人的感觉就是憨憨的那种，尤其表情就是很木然的感觉。有一次在课堂上他推导一个统计学公式，这个公式比较复杂，这位讲师推导这个公式大约用了四块小黑板（当时大学黑板是可以用手滑动的小黑板），没想到推导到第四块小黑板结果快出来时，居然发现结果是错的，和课本上的答案不太一样。讲师自己看到这个结果后，只是在那里憨憨地笑。我们下面的同学看到这个结果都炸锅了，私下都在嘀咕："学院怎么给我们请了这么个讲师？"不少同学用很小声的声音和旁边的同学交流："在第二块小黑板上，他把'B'写成了'13'，导致后面的结果出错了。"大多数同学都小声说就是那个地方出的错。而这个讲师慢慢走向阶梯教室后面，围绕教室走了一圈，还是带着那个憨憨的笑，一言不发。那个时候，我感觉这个讲师真傻，现在成家立业之后却发现这位讲师是对我人生影响最大的一位讲师，致敬真正的师者。

出彩的课堂上不在于讲师讲了多少，而在于学员吸收了多少，转化了多少。优秀的讲师讲到关键时刻要学会闭嘴，学会留白。通过闭嘴留给学员大脑无限的想象空间是讲师的一项修炼。教学真正的效果不在讲师那四块小黑板上，也不在教科书上，恰恰就在讲师那憨憨的笑容和呆呆的样子上，不知不觉中效果已经发生在学员的大脑里。在《高效能人士的七个习惯》中有一个习惯叫以终为始，优秀的讲师心中永远都会装着目标，其他都是手段。在大海航行中有目标，不论路途多远都有期待；而没有目标，漂到哪里其实都无所谓。故事中的这位讲师应该深知教学的真谛：能用语言说明白的东西非常有限，有些东西必须身教，无法言传，身教胜于言传就是这个道理。这位讲师虽然在推导教科书上的内容，但是他的现场教学形式也是堪称教科书级别的。

甚至有些讲师研发出了一种教学法叫"错误教学法"，也就是讲师在授课的关键环节故意出错，引发学员的关注与质疑，让学生在挑错与动脑中掌握知识。这种教学方法要求讲师有很强的内在功力，也要有非常强的控场能力，否则很有可能造成现场失控。初级讲师要慎用此方法。

讲这个故事可能会暴露年龄。那时我们都还生活在村里面，每个村里面家里有电视机的家庭并不多，家里有一万元积蓄的就被称为"万元户"。当时有个电视剧很火爆，就是《八仙过海》。我们家当时没有电视机，邻居家有一台刚买的电视机，因此每天到开播时间了我就搬着小板凳去他们家看《八仙过海》，一来二去我就形成了习惯，到时间了就往邻居家跑。老爸看我这样老是去邻居家也不是个事，就咬咬牙也买了个熊猫牌电视机，从此我就幸福地在自己家看电视了。有一天，我在家看《八仙过海》的时候，邻居家70多岁的奶奶到我家来串门，看见我家电视也在放《八仙过海》，就质问道："为什么我们家电视上放的东西你们家也有？你偷我们家东西！"当时我也不知道怎么解释，她就在我们家喊了起来，还引来了众多邻居围观。我从眼神能看出来，很多邻居也不知道如何解释，最后邻居把奶奶领回家了，告诉她："你们家有的东西，别人家也可以有，这和偷没有任何关系。"但是据说他奶奶还是不理解这件事。

　　人生不就是一堂大课吗？一堂课时三万天左右，而且到时间必须下课。往往你看到的只是你想看到的，你听到的也只是你想听到的，你认为的只是你想当然的。有人说，你永远赚不了超过你认知的那部分钱，如果凭机会赚到了，后面也会凭实力全部赔光，只是时间问题。这句话说得不错。

　　很多事物本身并不影响人，人们只受对事物看法的影响，如果你改变不了事物本身，那么请你改变对事物的看法。每个人活到一定年龄都会对这个世界有自己的解释，而这个解释源于人大脑中的认知世界。人与人最大的区别看似是家境、背景、学历等差距，放得长远一点来看都是思维的差距，而读书学习对于一个人的认知改变是至关重要的。如果你的家境、背景、学历等都和别人有差距的话，那么向客户去学，向讲师去学，向同事去学，向供应商去学，向我们能接触到的一切去学，学习是你应对变化世界的不变法宝。人老不是指年龄，而是停止了学习，终生学习能力是任何一个人都需要去持续修炼的能力。

　　这个世界唯一不劳而获的只有年龄，你我的80岁早晚会到来，可怕的不是年老，而是不与时俱进的思维。随着年龄的增长，认知也要增长。人的认知通常有四个阶段，据说绝大部分人都处于第一阶段。

　　第一，不知道自己不知道什么。

处于这个阶段的人超级自信，以为自己什么都知道，实际上却什么都不知道，是一种无知者无畏的状态。比如你想学金牌讲师课程，有人可能会告诉你："有一张嘴就能讲，还用学那玩意儿？别听那些专家瞎忽悠，自己在家练练就能成为大师！"这种人遇到问题，第一反应就是从外部世界找原因，用自己的目光审视周围的一切，很难接受与自我相左的观点，活在固定的舒适区里，活在自己设置的"圈套"里。处于这个阶段的人极其顽固，除非遇到了重大挫折，否则他很难打破原有的思维习惯，更别说改变其行为模式，这种人看似坚强无比，其实却是原有习惯的奴隶。

第二，知道自己不知道什么。

你与高手碰撞后，将高手作为镜子照出了自己的原形，也知道了自己几斤几两。这个阶段的人开始觉醒，知道去学习、提升、改变，知道自己不知道的东西太多了，对周围有了敬畏之心和学习的心态。这个阶段有一个显著的特征，那就是自律，开始与原有的习惯做斗争，从原有的放纵自己变成约束自己。实际上，自律才会产生真正的自由，自律程度越高，自由度也会越高。西方哲学家康德认为："真正的自由不是随心所欲，而是自我主宰，自律即自由。"如果没有自律，你的任何梦想就都会是空想。你坚持的自律，都会变成脚下的坦途，而那些曾经偷过的懒，却会变成看不见的绊脚石，在一直等着你。主动学习需要与自律相伴才能走得长远。

第三，知道自己知道什么。

为什么同样做一件工作，有人干了一辈子也没有什么起色，有人干了十年八年就可以成为行业内的权威人物？背后的区别就在于他是否知道自己知道什么。这个阶段一般会诞生领域专家，也是把工作实践上升为理论基础的阶段，干了很多年，终于知道自己知道点什么了，为输出做好准备。比如搞课程开发做课件的过程，实际上就是把自己的工作实践上升为理论观点的过程，把隐性的东西显性化表达出来的过程，其本质就是知道自己知道什么了。

第四，不知道自己知道什么。

"日用而不自知"最能概括这个阶段，处在这个阶段的人已经出神入化，很多知识技能已经内化成"血液"，智慧已经变成内功，往往是问题解决了他也不知道自己用了什么本领，初学者的顿悟很可能只是他的基本功。

实际上，对任何事物的认知，都有一个接触、认识、了解、熟练、练习，再到练习好的过程。在职场沟通中，会做与会说完全是两种不同的本领，会说与会写又是两种不同的本领，会写与会听同样又是两种不同的本领。每种本领的习得就像两种不同的行业，所谓"隔行如隔山"，每个不同的行业都有许多认知陷阱等着你，最终能不能跨越这些陷阱，就看你的认知处在哪个层次。比如我们常说，"看山是山，看水是水""看山不是山，看水不是水""看山还是山，看水还是水"，也是人的认知不断演进的过程，你看到的世界都是你认知解读的世界。

上文的三个案例都是学员在课堂上的真实分享，有的来自求学期间的课堂，有的来自生活中的课堂。在线下的课堂上，学员们分享了大量类似的案例，限于篇幅原因，不再列举。对这些案例进行反思、归纳、提炼之后发现了一些规律：出彩的课堂=出彩课程+能量讲师+乐学学员。其中，出彩的课程可以用以下五个方面来概括（如图1-3所示）。

1. 高度清晰的培训目标
2. 紧贴业务的实战内容
3. 严谨有序的表达框架
4. 千变万化的培训方法
5. 跌宕起伏的课程节奏

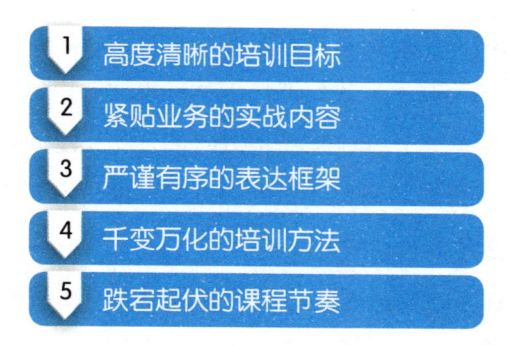

图 1-3　出彩课程的五个方面

（1）高度清晰的培训目标。阿基米德说："给我一个支点，我能撬动地球。"对于课程来说，目标就是这个支点，出彩的课程必定有高度清晰的目标导向。没有目标的课程就失去了方向，讲师不知道要干什么，学生也不知道要干什么，一切教学过程就没有了支撑点，授课效果也无法评估。出彩的课程会把课程目标阐释得很清晰，可能会用一句话告诉你我们要去哪里，也可能会用一个问题聚焦你的努力，还可能用一个挑战牵引你的思维，这些都有可能成为目标的表现形式。讲师就像导游一样，要明确告知学员，我们明天去哪里，从哪里出发，坐什么交通工具出发，以及大约几点能到达目的地等。

（2）紧贴业务的实战内容。培训界一直以来有一个共识，那就是做课程要内容为王。没有内容的课程，是经不起时间和市场检验的。那么作为讲师，我们的内容来自哪里呢？第一，可以去借鉴经典书籍里面的内容，站在巨人的肩膀上你会看得更远，但是要注意知识产权问题。第二，不要闭门造车，跳出自己的圈子，去看看别人都在干什么，可以从别人身上挖掘素材。第三，最靠谱的内容就是对自己工作的总结提炼。我们对过去做过的事情进行反思复盘，好的就提炼出经验，差的就提炼出误区。不论是经验还是误区，最后都可以成为课程里有温度的内容。

可以说，只要还活着，你的素材就会源源不断，因为昨天做的事情，今天就成了故事，随笔写下来放到课件中就是生动的素材。在如今的这个年代，知识就像自来水一样，哗哗地流向你，如果没有定力，你就很有可能被知识洪流所吞噬。请记住，内容再多，你也不要忘了当初的目标是什么，目标决定了内容的取舍。

（3）严谨有序的表达框架。出彩的课程光有实战的内容还是不够的，云里雾里的表达同样会让课程效果大打折扣，有人说了一天也不知道自己在说什么，有人三言两语就可以表达得清清楚楚，明明白白。例如金字塔原理里面的PREP架构就很不错，表达的关系按照P阐释观点、R讲解原因、E举个例子、P重申观点的顺序。平常注意积累一些优良框架有助于我们更有逻辑地表达。时间关系、要素关系、流程关系是比较常用的三种表达关系。

（4）千变万化的培训方法。出彩的课程可以帮助学员增加知识、提升技能和转变工作态度。不同的内容，应该采取不同的培训方法。培训界比较认可把内容区分为知识类、技能类和态度类，不同类型的内容，应该采取不同的培训方法，才能达到应该有的效果。比如知识类内容，学会把内容变成问题，然后与学员去交互；技能类内容，如果不给它匹配练习的相关方法的话，可能学员永远都学不会，情景模拟、角色扮演、实操演练、任务挑战等，都是练习的好方法；态度类内容，就要去体验教学，没有真实体验的话，想转变人的态度是非常难的。好内容需要匹配好方法，才能更好地促进转化。

（5）跌宕起伏的课程节奏。麻雀虽小，五脏俱全。不论是10分钟的微课程，还是一个小时的短课程，抑或是三天的系统培训，出彩的课程都应该相互独立，自成一体，保持课程跌宕起伏地沿着时间的维度去推进，具体可以参照开场、主体、结尾三个阶段去规划和设计。人的培养是个过程，课程的推进自然也是个过程，戒急戒躁，慢就是快，给讲师和学员彼此一个成长时间，过程本身比结果要重要。

做课程要有工匠精神，出彩课程永远离不开实践的检验。做好的课程如果不拿出来给别人分享，不拿出来上课，那就是无用的资料。出彩的课程就要不断围绕高度清晰的培训目标、紧贴业务的实战内容、严谨有序的表达框架、千变万化的培训方法以及跌宕起伏的课程节奏五个方面去不断打磨，实时更新，实时迭代，做到与时俱进。

## 第3节　熟悉学员学习的特点

我们培训的对象都是成年人,他们学习时都有自己的特点,了解他们的特点可以让我们的培训有的放矢。知己知彼,百战不殆,依据他们的特点进行授课会让学员爱上你的课程。我从多次授课中归纳、总结、提炼,他们的学习有如下几个特点:

第一,成年人没有人认为自己是错的。

成年人从出生活到现在,身上都有大量的经历、经验、背景,以及特有的心智模式,他们不会放下自己的这套模式而轻信别人的夸夸其谈,有句格言是这么说的:"如果你手里面有一把锤子的话,看什么都像钉子。"很多讲师没有意识到这点,上来就大谈特谈自己的理论和观点,反而遭到下面学员的反对和质疑,最有效的讲课方法往往是引导和启发学员说出讲师的观点,而不是讲师直接告知。最后的知识一定是师生集体达成的共识,一种是从讲师嘴里面说出来,另一种是从学员嘴里面说出来,效果会大相径庭。你要记住:成年人没人愿意去和自己的结论做争辩。

第二,成年人的忘记是一种习惯。

成年人身上的经验既是他的财富,又是他最大的阻碍。成年人身上的优点也是他的缺点。如果一个人只是学习,从来不会忘记,也会出问题。犹如我们平日饮食一样，只有输入，没有输出，如何保持身体机能的平衡？看得见的身体需要喂饱，看不见的精神同样需要喂饱。对于精神世界，只有输入，没有输出的话，也会造成失衡，适度的忘记是必要的过程。

心理学家艾宾浩斯提出过一个遗忘曲线，这个曲线揭示了人类遗忘的规律。人类的遗忘规律是"先快后慢"，遗忘的进程不是均衡的，不是固定的一天丢掉几个，而是在记忆的最初阶段遗忘的速度很快，后来就逐渐减慢，过了相当长的时间后，几乎就不再遗忘了。如果中间运用各种方法及时加以复习和总结的话，遗忘的速度就会减慢，以至于最后不会忘记。这就提醒我们在培训的时候一定要有复习环节，只要这个知识点讲完了，接下来的任何时间都要有意识地变换方法去重温这个知识点。如果我们想让学员达到运用水平的话，就要先在记忆水平上下功夫，记都记不住何谈去运用呢？成年人的忘记是一种规律，遵循规律，慢慢来反而比较快。

第三，成年人的注意力是稀缺资源。

成年人的世界里面没有"容易"二字，很多学员除了要参加公司安排的例行培训，还有大量的实际工作充斥在大脑中，让这些人能够像学校里面的学生一样全神贯注地听讲师的演讲，不太现实。所以讲师要注意，在课程一开始的时候尽量不要直接讲解核心内容，而是通过一些刺激活动，比如游戏、故事、视频、舞蹈等，先把学员的注意力集中，然后在注意力集中的时间段去传播核心内容。讲师要时刻保持觉察力，发现学员注意力不集中的时候，及时换频道，运用刺激性活动再次吸引学员注意力。可以说，成年人的注意力都是稀缺资源，他的注意力在哪里，效果就在哪里，能够持续不断地抓住学员的注意力是课程设计的重中之重。

第四，成年人的学习通常有明确的目的。

成年人的学习与在学校的学生相比具有明显的目的性，有的为了提升技能，有的为了增加知识，有的为了开阔视野，有的为了结交朋友，有的为了拓展人脉，有的为了开发业务，总之，他们带着不同的目的来到课堂。这就要求讲师在课程讲授之前一定要做培训需求调研，保证讲师讲的是学员想学的，而不是自己有什么就给学员输出什么。再好的内容如果遇到了不合适的对象，对方也可能会反对或者质疑，讲师就容易对牛弹琴。人对了，什么都对；人不对，一切白费。

课前做好了培训需求调研，培训现场的学员就一定买账吗？

曾经有位讲师给一家大型企业集团做培训，课前和培训负责人做过深入沟通，培训负责人也确认讲师所讲的内容就是本次培训所需要的，讲师就带着做好的PPT课件到现场去开讲了。没想到，课程讲了半个多小时居然没有一个学员抬起头来，大多数学员对本次培训的内容丝毫不感兴趣。当时，讲师索性扔掉了熬夜做好的近百页的PPT课件，转而去现场调研学员最关心的问题是什么。分成五个小组，每个小组有八个人，由于时间有限，每个小组最终提出了他们最关心的一个问题，这样一共收集了五个核心问题。这五个问题就构成了这次培训的一级目录。讲师的讲解就是在帮助他们解决最关心的问题，学员们聚精会神地听讲、演练、探讨、提炼、呈现，课程效果非常棒。课件是死的，人是活的，课程需要实时迭代，最后能不能解决学员的问题是评价课程成败的唯一标准。思考一下，培训到底是让谁满意？是让领导满意，还是让听课的学员满意？如果不能兼顾两者的需求，优先让谁满意呢？

第五，成年人容易受周围环境的影响。

成年人容易受周围环境的影响，这里指的环境既包括培训的可视化环境，也包括看不见的人文环境。培训现场的布置和设计对激发学员的积极性有巨大作用。近几年视觉化呈现课程的热度也说明了这一点，有新意的视觉呈现本身就是一种学习。另外，周围的人也会影响其认知的建构，从某种意义上说，每个人都是其他人的环境，和谁在一起比向谁学更重要。周围人对自己的影响是潜移默化的，很多学员往往感觉课堂没学到东西，但是和周围人的对话却改变了他的认知，包括线上微信群里面同学们的互相分享和相互赋能都很有价值，这些都是人受周围环境影响的例证。

第六，成年人期待互动和参与。

成年人习惯从经验中去学习，他们骨子里主张在干中学，在学中干。学校阶段学习的基本都是理论，参加工作以后都是实践，学校阶段的课堂基本没有互动，社会上的课堂如果没有互动的话，很快就会让他们失去兴趣。深度参与的课堂才会更有收获，参与多深，领悟就有多深，可以说，参与度就是人学习的满意度。成年人在集体学习中比独自学习会学到更多，毕竟工作的场景都是需要团队协作才能完成的。增加课堂的参与性，会让他们投入更多的精力、情感、智力、心力、时间等能量因子，投入越多就会越有感觉，感觉自己才是课堂的主人。

第七，成年人的学习关注细节。

成年人学习除了关注课程本身之外，还会关注讲师的着装、语言表达、眼神、肢体动作、板书、教具的使用等细节。比如很多讲师一上场，拿话筒的姿势就感觉不专业，或者在和学员互动交流时频繁地把话筒交给学员，殊不知万一学员是个话痨的话，他就很难控场了，类似的细节还有很多。成年人会从一些细节处判断讲师的专业度，从而决定自己听课的认真程度。干什么就要像什么，培训讲师要从细节中打造自己，学员感觉你专业了，他们才有信心去和你学。

要想把你的思想装进学员的脑袋，就要了解学员学习的特点，顺应学习的规律，遵循学习的原理，做到心中有数，知己知彼方才百战不殆！

## 第4节　用左右脑交替授课

一般的讲师在讲述，高手讲师在启发。真正厉害的讲师既有理论又有实践，没有理论指导注定走不远，没有实践验证就不会真正落地。理论方面就要熟知教育心理学、团体动力学、组织行为学、学习科学、教学科学、脑科学等学科的底层逻辑，实践方面就要有程序、有套路、有工具、有章法。做好一个讲师，道、法、术、器、势样样都少不了。

讲师培训的对象是人，而人有大脑、有心脏、有四肢等各种部位。如果一个讲师不了解培训教育背后的脑科学、心理学、组织行为学、团体动力学等底层逻辑，那么这个讲师讲好与讲坏，其实连他自己都不知道。讲师每次讲课纯属碰运气，这样对学员是极度不负责任的，知其然也要知其所以然，对好讲师来说都是基本要求。

从脑科学的视角来看，与其说我们对学员讲课，倒不如说我们是对学员的大脑在讲课。深入研究大脑接受知识的规律，并用这个规律指导我们的教学，会收到事半功倍的效果。关于大脑的分类方法有很多，其中一种关于左右脑的分类对于指导培训教学非常有借鉴意义。

我们的大脑（大脑皮层）可以分为左脑和右脑，左脑偏理性，又叫学术脑或者抽象脑，它喜欢听道理；右脑偏感性，又叫艺术脑或者创造脑，它喜欢听故事、听案例、看视频、做活动等（如图1-4所示）。生活中大多数人都喜欢听故事而讨厌听道理就是左右脑在起作用。比如说做决策，有人靠数据做决策，就偏重左脑；有人靠直觉做决策，就偏重右脑。

左脑　喜欢听道理

右脑　喜欢听故事、听案例、看视频、做活动等

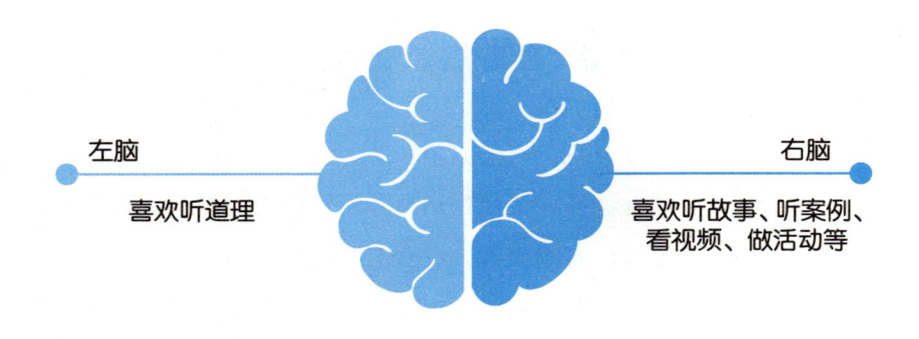

图1-4　理性左脑与感性右脑

心理学上有个著名的"吊桥效应"，讲的是当一个人提心吊胆地过吊桥的时候，会不由自主地心跳加快，如果这个时候碰巧遇见另一个人，那么他会错把由这种情境引起的心跳加快，理解为对方使自己心动才产生的生理反应，故而对对方产生爱情的错觉。可见，很多时候人们都是凭借感觉来做事情的，用的都是右脑，几乎没有人是活在客观世界里的，每个人都活在自己认为的主观世界里。

你在家里劝小孩该写作业啦，不要看动画片了，孩子也知道这个道理，为什么还是忍不住多看两集呢？因为看动画片带来的感受和体验远比写作业要开心得多！很多人明明知道自己该减肥了，可是看到红烧肉的一刹那，还是没有忍住多吃了两口；很多人知道饮酒过量对身体不好，还是忍不住喝两口；很多人知道抽烟有害健康，还是忍不住要抽一根。理性讲的是道理，感性讲的是情感，理性的道理在感性的情感面前会显得很苍白。很多人知道不能感情用事，但是又有多少人能抵住共情

的诱惑？

　　古人在写诗的时候，其实也运用了左右脑的原理，经典的古诗之所以被世人所传诵，很大的原因是兼顾了左右脑。一方面，它的观点概括得极其精辟，满足了左脑的需求；另一方面，它的意境感很强，给人无限的想象空间，或者让人身临其境，感同身受，犹如进入电影画面一样，满足了右脑的需求。

　　感性的东西让人聚神，理性的东西让人走神，我们培训时可以给右脑讲点故事，再给左脑讲点道理；给右脑做个活动，再给左脑做个总结；给右脑讲个案例，再给左脑讲个工具；给右脑配个场景，再给左脑抛个问题；给右脑展示个图片，再给左脑讲个流程；给右脑玩个游戏，再给左脑分享个体会。有吸引力的课堂总会兼顾左右脑，交替刺激完成授课。若发现学员溜号了，我们就要问自己，你的课程走脑了吗？走的是左脑还是右脑，抑或是全脑呢？在左右脑之间来回切换，感性与理性交替进行，学员既会体验良好，也会收获满满。如果你的课堂还不是全脑课堂，那就赶紧开启全脑模式吧！

## 第5节　持续不断地抓住学员注意力

在北京培训的一次面授课堂上，当时培训学员有200多人，正当大家听得极度困乏之时，我用手指轻轻按了一下笔记本电脑上的B键，PPT的显示大屏顿时黑屏了，下面的培训组织人员一顿慌张，以为是培训设备出了问题，当时公司领导都在场，很多学员感觉很着急，可喜的是学员的注意力都回到了讲台上。在培训中如何才能持续不断地抓住学员注意力呢？做到以下三点你会有收获。

（1）善于制造冲突。

上面的例子中，我就是运用快捷键B键制造了黑屏的冲突，看着是黑屏了，实则是在传授一个小知识，此刻按B键会变黑，按W键会变白，我还会问学员如果变红要按什么键呢？人往往对于和谐的东西熟视无睹，而对于不和谐或者意料之外的东西充满好奇，要想抓住学员注意力，就要给学员制造认知冲突，引导他观察和思考，得到缓解冲突的途径，也就顺便传播了我们的知识。

冲突就是不和谐，冲突就是不合理，设计冲突就是引起注意，适当的课程冲突会打破固有思维。要想抓住注意力，匹配冲突是个不错的抉择。

（2）对比显现差距。

我曾经在课堂上问学员，如果你讲一个内容，有正确的做法还有错误的做法，你是先讲正确的做法还是先讲错误的做法呢？很多学员回答要先讲错误的做法，然后再讲正确的做法。我举例：假如在教室门口挂着两门课，第一门课叫"如何成为一名卓越的会计"，另外一门课叫"会计常见的八种'死法'"，你猜猜哪个课的参与率会更高呢？大家一致选择后者。可见，关注怎么"死"的比关注卓越的人要多得多。人的潜意识里面都在逃避风险，追求快乐，我们在讲授时如果能够运用正反两方面事件、故事、案例对比的方法，就很容易抓住学员的注意力。反面的东西告诉我们误区在哪里，深挖痛点；正面的东西教会我们方法，升级经验。正反两方面一对比就会显现差距，差距就会形成一种张力，这个张力会让学员注意力持续聚焦。

（3）乐于提出问题。

千万发明始于一问，好问题可以胜过千言万语。当年伟大的物理学家牛顿被树上掉落的苹果砸了一下，提出了经典的一问，问出了万有引力定律。多问一句为什么，也许你就是下一个牛顿。我们现在所学的知识都是前人问题的合理化解释，有问题就会有答案，一代人一代人前赴后继把问题解决掉了，然后把问题的答案写进了书里，就变成我们今天所谓的知识。讲一千个道理也不如提出一个有质量的问题。

提出一个好问题的难度远远胜过给答案的难度，问题如果能问对，答案其实不言自明。高手和新手的区别就在于他提出问题的能力，问题一出也就看出了高低。学会用问题回答学员的问题是课堂教学的明智选择，一堂课程的效果不在课件里面，也不在讲师这里，更不在互联网上，而是在学员的大脑里。问题就是大脑的启发器。

## 第6节 你属于哪类讲师？

对于任何一场培训来说，你觉得是内容重要还是形式重要呢？按照内容和形式两个维度，可以将授课讲师分为四类（如图1-5所示）。

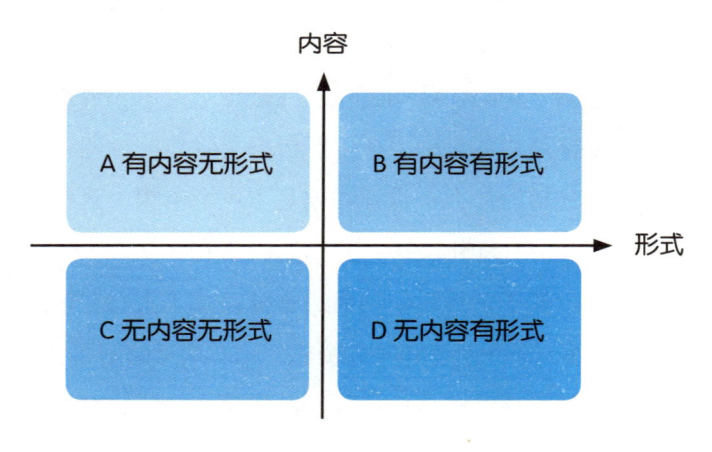

图1-5 讲师的四种类别

（1）有内容无形式。这类讲师在企业的内训师团体中很常见，他们在自己的工作岗位上积累了大量的经验，有了丰富的案例，但是茶壶里面煮饺子——有口倒不出，讲课基本靠念PPT，明明有很多干货，却因形式不够灵活，搞得课堂气氛死气沉沉。这类讲师如能悟透形式的妙用，定能扭转课堂乾坤，塑造有魅力的课程。

（2）无内容有形式。这类讲师可以玩转培训形式，会抓住一切机会折腾学员，调动学员的视觉、听觉、触觉、味觉等多感官参与，学员的表现也是丰富多彩，有哭有笑有感动。学员的现场体验感非常好，但是课后反思却有被忽悠的感觉，这类讲师的干货就像俄罗斯套娃最里面的那个小娃娃一样，干货就那么一点点。此类讲师需要大量阅读、报班学习及经验萃取去沉淀自己的内容，只有形式最终是走不远的。

（3）无内容无形式。这类讲师既没有干货内容，也毫无形式，纯属应付差事。这样的讲师给人的体验感是最差的，此类讲师对学员是种误导，自己还没有修炼好，就出来"断人慧根"。确实存在这样的一类讲师，完全是被安排来培训的，走个形式完成任务而已。

（4）有内容有形式。这类讲师的课程就像给人端上一桌美味佳肴一样，色、香、味俱全，而且还营养丰富，学完不仅大脑获得满足感，而且心灵受到震撼，是既走脑又走心的授课过程。我把这类讲师叫真正的"师者"。有内容满足了左脑的需求，有形式满足了右脑的需求，双管齐下，学员满意度自然不会差。

好的讲师应该坚持内容为王的原则，向别人、向自己学习，沉淀内容精华，在打造内容的基础上创新教学形式。教学形式可以不设限，行动学习、教练技术、引导技术等领域中好的工具都可以借鉴，只要能让学员更好地吸收转化就是最好的形式。讲师要努力让培训学习成为一种乐趣，并以此为追求。

## 第7节　讲师扮演的具体角色

2014年左右，四川省某大型企业集团正在筹备组建企业大学，其中培训体系的搭建是很重要的一块内容，我作为课程开发专家参与其中，带领企业各部门业务骨干开发精品课程，沉淀组织智慧。当时除了课程开发项目，还有其他三个项目也在同时进行，分别是讲师培养项目、行动学习项目和企业教练项目。实际上，这四个项目正好也界定了讲师要扮演的四种角色（如图1-6所示）。

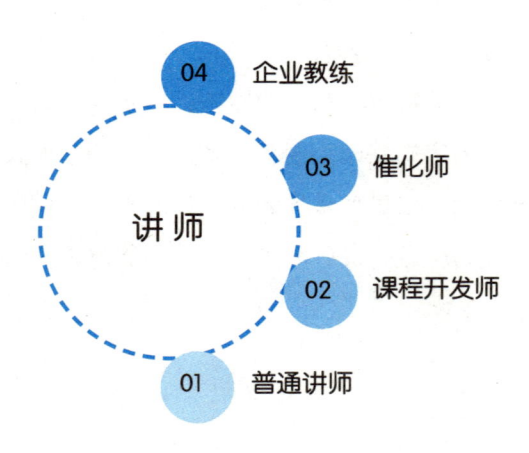

图1-6　讲师要扮演的四种角色

（1）讲师。

此阶段的讲师主要培养会讲的能力，是狭义讲师的概念，由原来的"游击队"状态升级到有套路有章法的"正规军"状态。这些人很多都是刚入职的员工，他们有激情、善表达，但是身上没有经验、没有内容。只要这些人具备了讲的能力，就可以讲解公司提供给他们的课件，他们本身不用开发课程。

（2）课程开发师。

课程开发师是有丰富经验的员工，有些人工龄超过了30年，还有即将退休的员工。人可以走，经验要留下来，是这次课程开发项目的初衷。把这些有经验、有意愿的人聚在一起，集中三五天的时间，让他们深度研讨，集体探究，通过经验案例化、知识逻辑化、内容课件化等手段将隐性经验转化为显性文本，保证了经验的传承。课程开发项目很多企业每年都在搞，他们已经把知识沉淀和传承作为重要工作的一部分。专业的事情需要专业的人来做，课程开发是个相当专业的活，自然需要专业的课程开发师协助完成。

（3）催化师。

讲师和课程开发师做的事情基本上都是传播过去的经验，他们传播的经验都是有问题有答案的，属于例行的事情。而这个世界是不断发生变化的，唯一不变的就是变化本身，问题在变，形式在变，趋势也在变，试图用过去的经验解决未来的问题，往往都不会奏效，能把你带到昨天的东西不会把你带到明天。这就要求讲师要具备带领大家一起探索未知问题的能力，讲师的角色就是"助产士"、催化师。这个阶段的讲师不需要输出内容，而是要和大家通过一定的催化流程去生产内容，可以说是流程专家。

（4）企业教练。

企业教练是通过成就员工来成就自己的，不断支持员工，激发员工来提升他们的专业技能，我们相信并期待我们的员工可以为企业取得更好的成果。这个企业教练类似体育教练，他不参加竞赛，而是培养或激发队员参加竞赛取得冠军。企业教练通常和领导力项目进行组合，可以带领团队创造高绩效，助力企业家们成长，也能提升中高层的管理技能水平。

一个讲师可能会同时扮演以上四种角色，并且需要在每个角色的专业内不断深耕。对于一堂课来讲，讲师会随机切换这四种角色，讲师、课程开发师、催化师、企业教练随机组合发挥，更好地满足课堂变化的需要。

# 第二章 持续引领你的学员

给别人一杯水，自己首先要有一片海。一个讲师一时引领学员容易，要想持续引领学员就必须不断学习，可以说，讲师的学习力决定了讲师能在讲台上站多久。杰克·韦尔奇说："你可以拒绝学习，但是你的竞争对手不会。"人人都是讲师，人人都是学生的时代已经到来，如何通过学习提升自我从而持续引领学员就成了每个讲师需要思考的问题。

## 第1节　讲师学习的方式

周围很多讲师反映，上完几天课后自己有种被掏空的感觉，这其实就是学习力不足的表现。讲师应该有的状态是课上得越多经验越丰富，大脑素材越丰富，讲师在教会学员知识和技能的同时，学员也给讲师提供了大量的素材，讲师和学员之间是教学相长和相互赋能的关系。在一场100人的培训课上，讲师是一个人在传播知识，而台下坐着100个不同的学员，100个不同的学员带着100个不同的大脑来到课堂，这些大脑都是装着宝贵的经验而来的。培训讲师在课堂上就要营造教学相长的氛围，不但学员从讲师身上学到东西，而且讲师也可以从学员身上学到东西，同时还可以让学员与学员之间相互学习，让智慧在培训现场充分流动，把课堂的学习效果发挥到极致。可以说，一个讲师上完课之后，感觉比现场任何一个学员学到的都多，那才是他最该有的状态。培训讲师除了在自己的主战场——课堂向学员学习之外，还应该在以下三方面提升学习力。

第一，向经典书籍学习。

讲师要多阅读经典图书，特别是多读涉及教育心理学、组织行为学、团体动力学、学习科学、教学科学、大脑科学、神经语言程序学等领域图书，提升自己对于培训的认知高度。对于自己的专业领域，讲师可以采取博览群书的方式进行深度学习。阅读就是在和作者对话，带着自己的经历和作者碰撞出属于自己的智慧才是真正的阅读。

其中,带着问题去阅读是大家公认的比较高效的一种方式,比如阅读时可以通过以下四个问题引导思考:

(1)这本书到底讲了什么核心要点?可以列出知识点概要吗?

(2)这本书的哪一个部分或者知识点引起了你的共鸣,对此你有什么样的感想?

(3)这一部分或者这个知识点对你有什么新的启发或者新的思考?

(4)你在工作或者生活中怎么去践行这一点?打算什么时间开始行动呢?

通过以上四问可以引导我们去把书中的内容转化为行动。杨绛先生曾说"读书好比串门",去谁家"串门",聊一些什么样的话题,对双方有什么样的意义,都在于我们的品位和选择。

另外,"T"字型读书法对我们也会有很大帮助,所谓"T"字型读书法指的是,不但要读自己专业领域内的书籍,还要读非专业领域内的书籍。你的专业既能成就你也能毁掉你,水能载舟,也能覆舟。一定要警惕"熟练的无能",长期陷入专业会让我们用习惯的模式去做事情。习惯这种东西是一把双刃剑,它可以把你推向人生巅峰,同样也可以把你拉向无底深渊。你可能认为我们可以去改变习惯,但大多数时候我们都是习惯的奴隶,习惯在操作和指使着我们。阅读非专业领域书籍,去看看更大的世界,保持觉察力,摆脱"熟练的无能"的诅咒,站得更高看得更远,定能活出不同版本的精彩人生。

第二,向他人学习。

要经常参加行业内的各种交流会,实时了解行业内的最新动态,有时非正式的交流比正式的课堂学习学到的还多。每次上完课之后的好友聚餐和闲谈可以堪称第二课堂,饭桌上那种轻松愉快的氛围反而能让人分享出在正式课堂上听不到的东西。学习在互动中产生，不是在和书籍作者互动，就是在和他人互动。向他人去学习具体指两种：

（1）向同行学习。

向优秀的同行学习，树立标杆，找到差距，追求卓越，升级为行业内顶级专家。

比如近期财税行业的金牌讲师班就是这样，很多财税同行通过讲师班链接在一起，互相分享财税领域内专业知识，互相赋能业务技巧。刚起步的小白在这样的环境下成长是最快的，因为他的顿悟很可能只是别人的基本功，别人的昨天实际上就是小白的未来！

（2）向外行学习。

向同行学习可以助力升级，向外行学习可以助力变革。

向外行学习新思路、新视野、新格局，发现自己的认知盲区，给自己更多可能性。很多创新性思维都出现在不同行业的边缘交叉地带。比如财务人员和业务人员的交叉就会产生业财融合，财务人员和软件人员的交叉就会产生财务软件，财务人员和TTT专家的交叉就会产生财务讲师等。

向同行学习顶多让你成为领域专家，向外行学习可以让你成为"至尊高手"，所谓"工夫在诗外"就是这个道理。每个人最难看清的就是自己，不妨找个外行的"镜子"照一照，也许真相就会还原。

第三，向过去的自己学习。

同样的一份工作，为什么有的人工作了一辈子还是原来的样子，有的人工作三五年就可以成长为行业内高手？大多数人的工作只能叫经历，极少数人的工作叫经验。只有对做过的事情不断反思，不断总结，不断提炼，不断升级打法，才有可能将经历转变为经验。向自己的过去学习就是要学会反思自己的工作实践，那些跌过的坑、踩过的雷要把它填上，形成经验，以便下一次出现类似情况时缩短解决问题的时间，提高工作效率。经验学习是人们最主要的一种学习模式，早在多年前，学习体验大师大卫·库伯的体验学习圈就把这个道理阐述得淋漓尽致。库伯在他的著作《体验学习：体验——学习发展的源泉》中提出自己的经验学习模式亦即体验式学习圈理论，他认为体验学习过程是由四个适应性学习阶段构成的环形结构（如图2-1所示）。

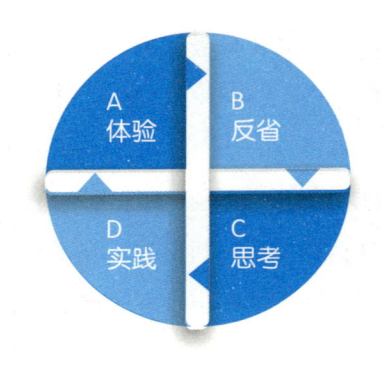

图 2-1　体验学习的四个适应性阶段

这里举个例子来说明一下，比如小孩子第一次学骑自行车。首先，小孩子一旦投入到骑自行车这个活动中，不管成功还是失败，他都会有一种具体的体验，这种体验会直接触达小孩子的感知。当然，小孩子也可以不去直接体验，去观摩他人骑自行车的过程，这叫间接体验。人的生命是有限的，你不可能将人世间所有的事情都去"经历"一遍。其次，小孩子骑过几次自行车之后，对骑车的经历加以反思，将碎片化的经验进行整理、加工、整合、归类等。然后，对骑车这件事情进行系统化思考，试图将其整个过程进行理论化概括。最后，将理论化的内容重新运用到新的一轮骑自行车活动中，去解决骑自行车过程中的各种难题。关于骑自行车的知识就在这种不断地学习循环中得以增长。"实践"和"体验"本质上是行动,在不断帮助我们积累素材,"反省"和"思考"本质上是学习,一边行动一边学习,在干中学,在学中干,学和干在交互中螺旋上升。

## 第2节　最好的学习方式是什么？

讲师是站着的学员，学员是坐着的讲师，人人是讲师，人人是学生，讲师和学生之间的界限越来越模糊。有学者提出过学习金字塔理论，把学习分为主动学习和被动学习，其中被动学习包括听讲、阅读、视听、演示，这些学习方式的转化率最多不超过30%；主动学习包括讨论、自己去实践、教授给他人，这三种学习方式的转化率都超过了50%，尤其是教授他人这种方式，转化率接近90%。为什么听了很多课，依然过不好这一生呢？原因就是只有输入，没有转化。王阳明认为"知是行之始，行是知之成"，输入只是学习的开始，转化和吸收才是学习的关键所在。假如我们每次学习后都能总结复盘，提炼成自己的观点传授给他人，那么我们对所学知识点的转化率就可以达到90%以上。可见，教别人是自己成长最快的方式，教才是最好的学。

如果你想把一个新的技术或者新的理念彻底搞清楚，我的建议是，你给自己输入一点后就要尝试出去给别人讲，如果讲着讲着发现自己讲不明白了，这说明你根本没有理解透彻，需要返工继续深入研究，直到你能把对方讲明白为止。只有对方明白了才能说明你初步懂了，你明白还是不明白不是取决于你，而是取决于对方。

物理学家费曼就是践行"教才是最好的学"的典范。费曼学习法，讲的是当你学习了一个新知识后，就把自己想象成一个讲师——尝试用最简单、最直白、最通俗易懂的大白话讲给初级小白去听,如果他们听懂了,就代表你搞懂了这个新知识。专业对专业,可以用行业术语,专业对非专业,就要用大白话,这种方法揭露了学习的本质。

重新定义身份,以讲师的身份去向别人讲解一个知识点,来反馈自己是否真正搞懂了这个知识点,这是个绝佳的学习方法,这个过程可以参照以下步骤(如图2-2所示)。

选择 → 讲解 → 改进 → 提炼

图2-2 以教为学的四个步骤

第一步:选择一个知识点。

这个知识点可以是你遇到的新技术、新模型、新理念、新方法,而且你的内心有一种冲动,想把它彻底搞明白,但是你不确定自己是否真正明白。

第二步:去给别人讲解这个知识点。

拿着这个知识点去给别人讲解,这个"别人"最好对你要讲的知识来说是个小白,可以尝试给家里的老人或者孩子去讲。如果实在找不到对象去讲解,还可以借助多媒体技术,进行视频连线或者录制视频,效果也是不错的。

第三步:反思改进并升级新的讲法。

如果在第二步,你让对方听不明白或者对方似懂非懂,你就要停下来,回去继续深入研究,该查资料查资料,该请教高手请教高手,觉得自己搞明白了再继续进行第二步,直到给小白彻底讲明白为止。

第四步：简单有效去提炼。

当你遇到一个新的知识点，无法用自己的话直白明了地把它讲出来时，说明你没有真正理解它。对成年人的培训切忌照本宣科，要学会用通俗易懂的语言表达出来。大道至简，我们要对复杂的东西进行简化、提炼、压缩，去除装饰性的东西，剥离出本质，然后生成属于自己的大白话，让非专业的人都能听懂。

课堂是个师生合作的场所，讲师讲解得好不好取决于学员，学员有没有收获会反馈给讲师。讲师和学员都有成长的课堂才是面授的意义所在。教才是最好的学习方式，让我们从"大白讲师"做起吧！

## 第3节　用输出倒逼自己转化

谈到输出必然离不开输入，讲师在现场讲课如果没让学生练习的话，顶多是搞了个输入。对于成年人来说，学习的目的不再仅限于知识的记忆和掌握上，而是学习完之后带给自己的改变，这个改变最好是个具象的东西，用输出倒逼自己转化是非常靠谱的思路（如图2-3所示）。

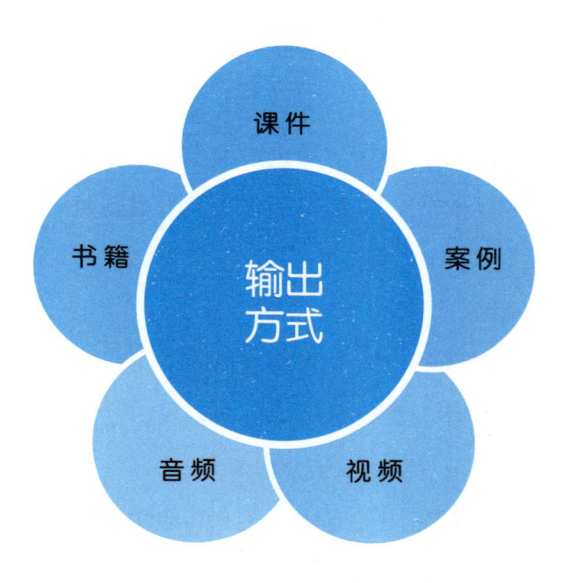

图 2-3　输出知识的五种常见方式

（1）输出课件。

每一次上完课，每一次读完书，每一次参加完沙龙，都可以坐下来梳理一下做完的这件事，把心得和体会梳理成观点，把观点进行逻辑化处理，再放到PPT里面做成课件，时间长了就可以为自己储备大量的素材，也顺便锻炼了自己做课件的能力。

（2）输出案例。

生活和工作每天都是现场直播，案例时刻都在发生，善于学习的人总会不断记录，将隐性的东西显性化供后人去学习，案例输出就是很好的显性输出方式，案例本身就是学习的绝佳素材。

（3）输出视频。

随着科技的不断发展，如今的视频呈现方式多种多样，一个手机就可以搞定一切。把你的观点通过视频的方式表达出来，借助互联网平台就可以快速传播，从而树立个人品牌。

（4）输出音频。

输出视频固然很好，但是音频也不容小觑。在不方便看视频的情况下，音频会发挥巨大作用，现在兴起的线上听书就是一种很好的音频输出示范。

（5）输出书籍。

写书或者正在准备写书是一种特别棒的学习状态，要想把自己的东西整理成一本书就要多总结、多提炼、多积累，注意留心观察周边的素材，学会有意识地记录下来，厚积定能薄发。

以上仅列出了五种输出的方式，还有其他输出的方式也非常有效，比如微信公众号输出原创文章等。这些输出会倒逼自己，把自己从舒适区拉到学习区，如果感觉自己比较费力，说明你在走上坡路，正处在学习区里面不断成长。什么让你痛苦，什么便让你强大！

## 第4节　你的学习处在哪个段位?

在同一个教室里面的学员,你觉得他们学习的段位一样吗?有的先知先觉,有的后知后觉,每个人所处的水平显然差异很大。前人种树,后人乘凉,教育领域专家布鲁姆的教育目标分类就把学习的层次划分得非常清晰,仅就认知层次举例,可以把认知的层次划分成六个,也是讲师认知升级的六个层次(如图2-4所示)。

图 2-4　讲师认知升级的六个层次

第一，记忆层次。

比如你给学生讲解了一个教学方法，他上完课之后就记住了你讲的这个方法，怎么证明他记住了呢？比如，他可以给你清晰地陈述此教学方法的具体步骤，或者写出这个教学方法的详细流程，这是学习最基础的要求，如果他能"陈述"或者"写出"，就代表他达到了记忆层次。这个层次的要求是遇到情况能够快速提取相关的知识。

第二，理解层次。

你给学员讲完这个教学方法，学员光记住还是不够的，还要学会理解。例如，让学员举个例子给你说明这个教学方法的使用要领，那就可以证明学员理解了，理解是在记忆的基础上的进一步升级。记住的毕竟还是讲师的东西，如果不去复习，很有可能三两天就还给讲师了，能用自己的话解释讲师所讲的知识，然后生成个人版本的理解，是学习进步的显著标志。

第三，运用层次。

很多企业都希望学员能够学以致用，而学员没有记住和理解一个知识时注定是用不好的。比如学员可以利用你讲的教学方法，现场实战演练一段给定的教学内容，这就是达到运用级别的充分体现。学习是个循序渐进的过程，没有前期的记忆和理解，就不会有后期的迁移和运用。这个层次跨越了从"知"到"行"的界限，开始努力把别人的东西用到自己身上，知行合一往往面临巨大挑战，但是只有跨越了从"知"到"行"的鸿沟，才能最终内化为自己的东西。

第四，分析层次。

有人把记忆、理解和运用称之为低级思维，把分析、评价和创造称之为高级思维，而分析就是两种思维的临界点。所谓分析就是要把复杂的知识进行分解，厘清中间的因果关系，并找到本质。比如学员可以独立拆解教学方法的各个步骤并分析之间的相互关系。这个层次是对运用层次的再一次升级，为后期融会贯通打下基础。

第五，评价层次。

所谓评价指的是可以根据标准或者选择其他方法去做评判，能够评价一个事物需要扎实的功底和大量的知识储备。比如你能判断一个讲师讲的某种教学方法适合所有的学生吗？你来评价一下试试看？评价最能看出一个讲师的真实功底，因为很多需要评价的场景都是随机的，随机的场景就会考验讲师日常的知识储备，和讲课备课不一样。讲课是按照准备的课件去讲的，是有备而来的，一个是随机的，一个有准备的，两者差距很大。

第六，创造层次。

所有的知识都只不过是前人的总结，都是前人主观能动性的产物，但青出于蓝而胜于蓝，所有的理论都可以被颠覆，所有的大师都可以被超越，社会的进步就是这样后浪推前浪翻滚式前进的，人类进步的车轮没有任何个人能够阻挡。讲师给学生讲解了一套三星级方法，学生在讲师的基础上又创造出五星级乃至七星级方法，这就是创造的过程。知识具有再生的性质，其源泉是大脑的持续性思考。

上面的六个阶段构成了人认知的过程，也是讲师认知升级的过程，你在学习的时候是处在哪个层级呢？学习成长是一个过程，现在有人看似很勤奋，实则在偷懒，还没有完全理解就想去运用，还没记住就想着去评价，跨度越大，夭折的可能性就越大，在学习这件事上万万急不得，慢就是快。

## 第5节 学习提升还有哪些维度？

当我们费了九牛二虎之力做某件事还是做不好的时候，肯定是在某个地方的方法不对，这个时候换个维度思考问题可能就会迎刃而解。永远不要在制造问题的层面去解决问题。在学习的时候，多维思考问题更有利于开发我们的大脑。卓越的讲师可以从高度、广度和深度三个维度升维自己（如图2-5所示）。

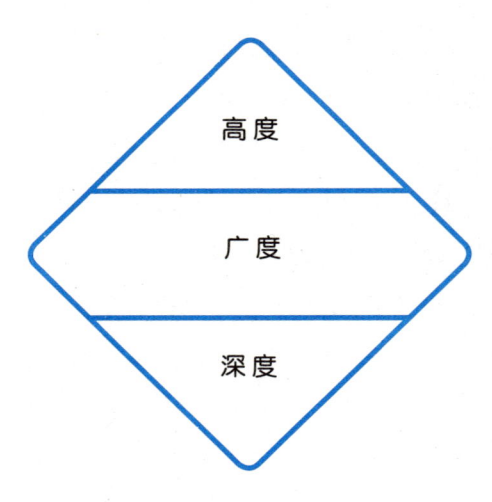

图 2-5 讲师提升自己的三个维度

第一，高度。

国内的人力资源管理学习惯把整个人力资源管理分为六大模块，分别是人力资源规划、招聘与配置、培训与开发、绩效管理、薪酬管理、员工关系管理。我曾经在山东给部分学员辅导过人力资源管理师考试项目，我当时梳理了一下这六大模块的关系，可以把人力资源管理的这六大模块比作一个大厦，地基就是人力资源规划，四根柱子就是招聘与配置、培训与开发、薪酬管理、员工关系管理，房顶是绩效管理，所有的人力资源活动都是为了改善绩效，提升绩效！如果绩效得不到改善，人力资源管理中的这些活动存在的意义就不大了。

企业培训一般属于培训与开发这个模块，而培训与开发又属于人力资源系统，人力资源系统本身又属于整个企业管理系统的一部分。培训讲师要能够把培训上升到整个企业管理的高度来思考，用全局的视角看问题，企业管理需要培训，培训会让管理更加高效，两者是相互滋养的关系。提升管理高度的途径有三个：第一个是经常参加一些经典管理类课程，比如MTP管理课程；第二个是走到企业中与中高层管理者当面交流，比如企业内部交流会；第三个就是要阅读经典的管理学书籍，提升管理认知，比如德鲁克管理学类书籍。升维到管理的高度去看问题是讲师的必备素质，你要思考你所服务的是一个人、一个部门、一家企业，还是一个伟大的生态？站得高度不一样，看到的风景自然就不一样。

第二，广度。

任何企业都属于某一个行业，为一家企业做培训就应该了解该企业所处行业的信息，知己知彼方能百战不殆。2019年，我在北京给代理记账行业做讲师培养，在整个讲师训练过程中达到了教学相长的效果，学员从我这里学到了实战的授课技术，我也从学员那里收获了大量代理记账行业的信息资料。对于一个刚注册的小公司来说，由于人员成本问题，公司没有实力去招聘一个全职会计来企业上班，就把公司的记账报税等财务工作外包给代理记账公司。代理记账公司当时因为进入门槛比较低，跨行进入者越来越多，诸如垫资公司、会计公司、服务公司、扩张公司、连锁公司、营销公司、会计师事务所、税务师事务所等纷纷进入。可以说这个行业现在是人满为患，基本上是操着开酒店的心，挣着卖白菜的钱，干着店小二的活，受着夹板箱的气。市场的增量还赶不上代理记账公司的增加数量，从理论上来讲，所有做企业服务的公司都有可能做代理记账，在这种情况下如果再不出去学习提升的话，很多代理记账公司将被淘汰掉。要么进化，要么僵化。了解了代理记账行业的这些信息之后，给学员上课就可以更有针对性，直击学员的痛点，从而做到因材施教，提升课程的满意度。培训讲师平时涉及的行业较多，有建筑、金融、财税、制造业等，可以借助给学员培训的机会深入了解某个行业，成为聚焦某个行业的讲师也是个不错的选择。

第三，深度。

高度帮助我们仰望星空，广度帮助我们拓展思维，深度帮助我们向下扎根。专业讲师和非专业讲师的最大的区别就是深度不一样，要想深入就要涉及教育心理学、团体动力学、组织行为学、大脑科学、神经语言程序学、学习科学、教学科学等底层科学。比如认知负荷理论、信息加工理论、建构主义理论对教学指导就具有很大的价值。

（1）认知负荷理论。该理论认为人在学习过程中是有认知负荷的，人的认知负荷是非常有限的，一旦超出认知负荷，人的大脑就很难运转，教学效果接近于零。认知负荷通常有三种，分别是外在的认知负荷、内在的认知负荷和相关的认知负荷，为了达到最大的学习效果，我们应该尽可能地降低无效的外在认知负荷和增加有利于理解的相关认知负荷。一般来讲，信息的组织和呈现方式不当会带来无效的外在认知负荷，比如PPT文字的排版混乱，字体不清晰等；内在认知负荷是由学习内容本身产生的，改变难度很大，比如艰涩难懂的相关条款；相关认知负荷是那些帮助学员理解学习内容所设计的活动产生的，需要去增加，比如有趣的教学活动。结合认知负荷理论，教学过程中哪些需要增加，哪些需要删除，哪些需要改进，哪些需要创新，你都会找到理论依据，可以做到知其然并知其所以然。

（2）信息加工理论。信息加工理论是教学设计大师加涅提出的，该理论认为学习是一个有始有终的过程，这个过程可以分为很多阶段，每个阶段需要不同的信息加工。在各个信息加工阶段发生的事件，称之为学习事件。学习事件是学生内部加工的过程，它形成了学习信息加工理论的基本结构。教学阶段与学习阶段是完全吻合的，讲师要控制和安排这些教学事件和内部学习过程相互对应。

依据信息加工理论，到底是讲师怎么教，学生就怎么学，还是学生怎么学，讲师就怎么教呢？我想答案不言自明。

（3）建构主义理论。提到建构主义理论，我首先想到的就是苏格拉底的"助产术"，苏格拉底在教学中并不直接了当地把学生所应知道的东西教给他们，而是通过讨论问答，甚至是辩论来揭露对方认识中的盲区。他认为讲师不应该有意制造和传播真理，而是要做一个新思想的"产婆"，真理存在于每个人的内心中，讲师的任务是帮助他们一起找到那个真理。苏格拉底的"助产术"可谓建构主义的典范。

建构主义理论认为：学习是一个积极主动的建构过程；知识是个人经验的合理化，而不是说明世界的真理；知识的建构并不是任意的和随心所欲的，它受他人和周围环境的影响；学习者的建构是多元化的等。关于建构主义有很多经典言论，国内也有不少专家把建构主义作为理论基础去指导教学实践。我认为理论没有不好，只有不同，我们要博观约取，方可厚积薄发。

  把培训上升到企业管理的视角我们就有了高度，把培训延伸到其他行业我们就有了广度，把培训深入到基础理论层面我们就有了深度，三度合一，立体精进，促进讲师提升段位，未来可期！

## 第6节　有效的学习应该处在哪个区？

人的学习与成长会涉及三区，分别是舒适区、学习区、恐惧区（如图2-6所示），你在哪个区呢？真正的成长意味着要走出舒适区或者不断扩大我们的舒适区。

图 2-6　学习与成长的三个区

第一，温水煮青蛙的舒适区。

在舒适区中的人没有任何压力，感觉轻松无比，每天都在低水平重复着自己熟悉的事情，对外界变化充耳不闻，拒绝接受变化，拒绝接受挑战，凡事都会优先选择逃避，犹如在温水中的青蛙一般，慢慢"死"去。可怕的不是身处险境，而是逐渐退化还不自知，慢慢被蚕食，慢慢被吞并，当最终醒悟却为时已晚。张瑞敏曾说："永远如履薄冰，永远战战兢兢。"在今天这个不断被颠覆的时代，只有勇于否定自己的人，才能持续走向成功。为什么很多人不愿意走出舒适区呢？因为它舒服，走出来就会面临新挑战、新问题，这样会带来痛苦，问题是你现在不走出来，未来会更加痛苦！你可以拒绝去学习、去进步，前提条件是你要保证你的竞争对手不去学习！培训讲师应该坚持终身学习的理念，紧跟行业成长，做到与时俱进，才能不会被时代所淘汰。

第二，成长进步的学习区。

我曾在青岛某一工业园区内看到这样一条标语："如果你做一件事情时感觉很难，说明你在走上坡路。"当我们突破了舒适区走向学习区时会感觉不舒服，这也正说明我们在进步，在成长。某心理学家曾提出过"一万小时天才理论"，该理论认为世界级专家都要经过10年大约10000小时的刻苦练习，同时也指出这种练习是一种刻意练习，是在导师的指导下进行的大量训练，同时导师要给予及时的反馈和纠偏。我们要聚焦在学习区，通过导师给出的模式刻意练习，练习后结合导师给出的反馈进行优化提升，没有持续的练习，再好的经验方法也不会变成自身的能力。有效成长=正确的方法+刻意练习+反馈纠偏+持续时间，导师给出正确的方法，学员组织刻意练习，练习后导师给出反馈纠偏，此过程需要持续一定时间，参与练习的人才会获得成长。

第三，捉襟见肘的恐惧区。

如果你做事情力不从心或者感觉很吃力，很可能是处在恐惧区，要学会试着调整心态，很多事情难只是你以为很难，其实并没有那么难。例如，小王是一位刚入销售部门的员工，经过了系统的培训之后，部门领导派小王去拜访一位陌生客户，小王到达客户公司大楼下，由于害怕拒绝而一直在楼下踌躇不敢上去，最后经过一番思想斗争之后终于上去了。小王还没说话，客户已经开始说话了："刚才在楼下一直来回走动的人是不是你？你怎么不赶紧上来呢？我们公司正急需你的产品呢！"做一件事情可以成功，也可以失败，但是不能放弃，有时候是我们的认知世界觉得太难了，而现实世界其实并没有那么难。

　　勇敢地走出舒适区，在学习区刻意练习，试着去挑战恐惧区，你会遇到不一样的自己。

## 第三章 保持最佳培训状态

要想让学员有状态,讲师就先要有状态;要想被学员尊重,讲师就先要尊重学员。孟子讲:"行有不得,反求诸己。"事情如果做得不成功,遇到了挫折和困难,或者人际关系处得不好,就要自我反省,先从自己身上找原因。哲学家雅斯贝尔斯有句名言:"教育的本质是一棵树撼动另一棵树,一朵云推动另一朵云,一个灵魂唤醒另一个灵魂。"苏格拉底曾说:"教育不是灌输,而是点燃火焰。"讲师要保持最佳培训状态,去影响学员,唤醒学员,点燃学员。

## 第1节 讲师到底应该传播什么？

2019年在北京第二期金牌讲师班的课堂上发生过感人的一幕，当时大家都是在酒店里面培训，大部分学员为了上课方便，也都住在这个酒店里。早上9点多，一位来自上海的学员正在办理退房，被班主任讲师拦住了，这个时候正是上课的时间，为什么她要办理退房呢？后来得知是各种家庭原因阻碍她的学习，而她本身是特别喜欢学习的，她告诉我们只要她一出来学习，家里就会设置各种障碍阻止她外出。有的人身体好像很自由，但是精神世界极度不自由，所以遇到事情，投资自己，把自己武装强大了才是解决问题的根本。当时我就号召全班30多人不要问原因，每人给这位学员一个拥抱，此举感动了很多学员。

我觉得与传播知识相比，传播正能量，给人一种信心和勇气的力量更有价值。心理学家麦克利兰提出过一个冰山模型，这个模型可以帮助我们很好地了解自己，冰山浮在水面上的部分是知识和技能，这是看得见摸得着的，隐藏在水面下的部分的是能力、价值观、性格特质、动机等，水面下的部分是很难看见的，但是却起着决定性作用。一个讲师教学时主要精力是该放在水面上还是水面下呢？教育大师怀特海曾说："当一个人把在学校学到的知识忘掉，剩下的就是教育。"能看得见的、可衡量的不是最重要的，反而是看不见摸不着的东西、能影响人一生的东西才是讲师最该传播的。

我在课堂上会设置很多让学员即兴演讲的环节，有些学员上台极度紧张，两腿发抖，词不达意，面对这样的学员，讲师是传播演讲技巧还是给予勇气和鼓励？实践证明，给学员勇气比给技巧更奏效。自信心就好比学员的操作系统，演讲技巧好比加载的各种APP，如果系统不稳定的话，加载再多APP也无济于事。管理学家阿吉里斯的双环学习解释得更透彻，他把学习分为单环学习和双环学习，每个人头脑中都有一个心智系统，这个心智系统会指导我们的行动，行动完了就会产生结果，如果这个结果和我们头脑中的心智系统不一致，我们就会产生烦恼。如何消除这个烦恼呢？通常有两种方法：一种是反思我们的行动是否有误，然后采取新的行动；另外一种是不仅反思行动，而且反思我们头脑中的这个心智系统是否有误，然后心智和行动一起改变，从而改变结果。江山易改，本性难移，改变行动容易，要想改变心智系统难上加难。改变心智等于自我否定、自我批判、自我挑战，不是一般人能做到的，但是越难的事情往往意义越大，为师者要学会构建稳定的学习系统，方可达到最佳培训状态。破山中贼易，破心中贼难。一个讲师上台讲课首先要系统稳定，然后才是讲什么和怎么讲的问题。

讲师最应该传播的就是正能量，给现场的学员以能量和勇气，有了讲师这道光，学员们还有啥知识学不会，还有啥技能练不会？持久的改变永远是由内而外的。

## 第2节 塑造充满自信的课堂

一个学生愿意真心实意地跟着讲师去学习，就是相信这个讲师足够专业。当一个讲师在课堂上自己都不相信自己的时候，他的语言一定不会有感染力！我曾在课堂上发问："对于你们讲的内容，你们自己相信吗？"大多数学员都举不起来自信的手，如果自己都不相信自己讲的东西，然后希望别人去相信，这本身就是一种谬论。讲师是相信了才会看见，学员是看见了才会相信。自信的课堂有利于学员智慧的生发，自信的课堂需要从讲师开始示范，讲师的自信状态可以从以下五点塑造（如图3-1所示）。

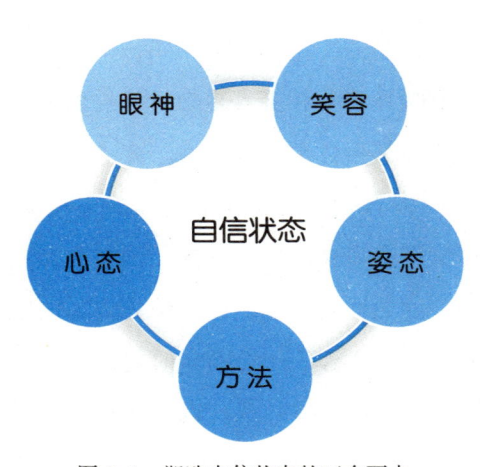

图3-1 塑造自信状态的五个要点

第一，眼神自信。

在即兴演讲的训练现场，看天看地看空气就是不看人的学员比比皆是。想象一下，一个讲师在台上演讲，从始至终没有看过你一眼，你是什么心理感受？一个是感觉不被尊重，另外一个就是感觉讲师不自信。俗话说，眼睛是心灵的窗口，透过眼睛可以判断一个人的气质修养乃至人生状态，讲师在演讲时，不时与学员眼神交流，学员会有被关注的感觉，也更有信心和讲师去学。

第二，笑容自信。

人与人在初次见面时是很难敞开心扉的，难免都会有紧张焦虑的情绪。如果双方都处在防御对方的状态中，就很难开展真正的教学，只有敞开心扉才会有所收获，而笑容无疑是破除紧张焦虑的一大利器。笑容带来的是一种信心、一种影响力。课堂上你一笑我一笑，紧张感就消除了。讲师在授课现场只要不是讲伤感的故事就要面带微笑，发自内心的微笑。记住：微笑是最好的"天气"，微笑是最美的表情，微笑是最好的状态，微笑是人生最美的样子！打开房门容易，打开心门太难，微笑就是打开心门的金钥匙。

第三，姿态自信。

讲师除了要做到眼神自信和笑容自信，还要做到姿态自信。讲师的一招一式，举手投足间都会体现其专业性。姿态自信主要表现在手势、站姿和步法，以及白板等教具的运用上。首先，手势可以用来表达数据，也可以配合表情用来表达场景。其次，站姿要做到双腿收拢，手在腰部以上，给人一种站如松的感觉，站姿给人传递的是一种精气神。再次，步法尽量不要有太多小碎步，往前走时可以快些，往后退时可以慢些，但是有一个原则要尽量遵守：保持面部始终朝向学员，朝向听众，不要背对学员。最后，白板的用法也要遵守这个原则，还有板书要规范，可以尝试用不同颜色的白板笔标记不同的内容，但是尽量不要超过三种颜色，尽量以黑色、蓝色、红色为主。

第四，方法自信。

你的顿悟很可能只是别人的基本功。解决一个问题时，有人眉毛胡子一把抓，摸着石头过河；有人以前犯过错，经过自己复盘反思，已经总结出方法和招数，照着去做一定能出结果，但是要费一些脑力和心力才可以完成；有人就像吃饭要拿筷子一样，轻车熟路，想都不用想就能完成，解决问题的方法对于这样的人来说，完全属于潜意识层面的东西。对比这三种人，你觉得讲师是哪一种呢？讲师应该在自己的专业内跳过第一种人，努力成为第二种和第三种人。学员来听课学习都是带着问题来的，他们缺少总结提炼的能力，来听课就是想看看讲师是如何总结提炼的，背后的方法论到底是什么，能不能拿回去就用，能不能缩短他们探索的时间。己所不用，勿教于人，自己没有用过的不要随便给别人讲，一个没有生过孩子的人给别人讲如何生孩子，多少是缺少可信度的。讲师的方法最好来源于实践的总结提炼，并且自己亲身验证过，然后才有自信传授给学员，那些道听途说的言论固然也能打动学员，但是迟早有一天它会在某个场合出卖你。

具有影响力的心理学家丹尼尔·卡尼曼在其著作《思考，快与慢》中提出系统1和系统2的概念。比如5×5等于几？相信你一定可以脱口而出，因为这是乘法口诀表里面的内容，我们在少年时期就把它背得滚瓜烂熟了，早就形成了习惯性反应。但是我再问你17.896×49.489等于几？你可能就不能一下说出答案了，这时你可能要借助计算器，然后经过一番操作才能得出结果。在这里，回答第一个问题时，调用的是系统1，它的运行是惯性的、无意识的、不用怎么费脑力的，可以凭借直觉，完全处于条件反射的状态。而系统2则需要耗费一定的脑力，需要经过一番思考和计算才能得出结果。作为讲师，遇到问题不要慌张，找到解决问题的方法才是关键，沉下心来，去积累一些方法论，当积累足够时，问题自然就不再是问题。

第五，心态自信。

你遇到过原来课堂上有80多人，讲了半小时后跑了70多人的场景吗？你遇到过上课的学员专业水平和学历水平远远高于你，频频向你发起挑战的场景吗？想象一下，你激情满满地来到课堂，打算进行一场知识和智慧的碰撞，可是现场的学员却像冰水一般，分分钟可以把你浇个透心凉，你想和他们互动，可是他们丝毫不愿搭理你。课堂就是一个讲师和学员共同修炼的道场，学员并没有义务来配合讲师，如果一切都顺利的话，那只能说明是在讲师的"射程"之内，"射程"之外才能真正考验一个讲师的水平，背后实际上是其坚定的心态。

人们都期望和谐与合理的东西，但恰恰是不和谐与不合理才是打开学习之门的钥匙，合理的只是训练，不合理的才是磨炼，磨炼的是一种心态，自信的心态可以考虑从以下五点去塑造。

（1）树立利他心。

不忘初心，方得始终。讲师的初心是非常重要的，你是为了赚取讲师的酬劳，还是为了助人成长？课酬赚一时，成长赚一世。少年周恩来一句"为中华崛起而读书"激励了多少读书人。人生总要去追求一些和物质无关的东西，发大愿而后立大志，立大志而后有大行，有大行后会有大成就。讲师拥有利他心态，能站在学员的世界里，自然一切都可以和解。

（2）提高专业度。

你足够专业吗？专业成就信赖，专业创造价值，让专业的人去做专业的事情。所谓的专业并不仅仅是拥有知识和技能，还有更多维度需要去延展，大前研一在其著作《专业主义》里面对专家是这样定义的：专家要控制自己的情感，并靠理性而行动；他们不仅具备较强的专业知识、技能以及较强的理念，而且无一例外地将顾客放在第一位，具有永不衰竭的好奇心和进取心，严格遵守纪律。以上条件全部具备的人才，可以称之为专家。可见，大前研一定义的专家内涵更丰富，我们可以作为参照来修炼自己的专家之路。

（3）增加交互性。

人是一种群居动物，人人都渴望分享与交流。人之所以不愿意交流与分享，是因为缺乏安全感，现场的环境让他隐蔽了自己。讲师幽默风趣的开场与交互，会让学员感觉课堂很安全，让他们相信只有敞开心扉，才会有所收获，不敢与学员互动交流的讲师内心是自卑的。人往往越交互，就越自信。

（4）修炼觉察力。

我们明明知道深夜玩手机是不对的，却控制不了；我们明明知道在孩子面前不该发火，可还是失控了，对孩子大吼大叫；我们明明知道该去上班了，不能追剧了，可还是忍不住多看一会儿，结果差点儿迟到。大脑是我们的司令部和指挥中心，可是它常常处于无意识状态，就会导致以上事情的发生。有时我们在自己出口伤人之前，发现了自己这种不好的状态，从而停了下来，这个发现"我想要的不是这个"的过程就是觉察。讲师应该修炼自己的觉察力，去发现那些学员已经不愿意听，讲师还在乐此不疲去做的事情。

（5）学会重新定义。

重新定义公司、重新定义产品、重新定义服务、重新定义财务、重新定义家庭、重新定义创新、重新定义文化，一旦在需要认识的事物前面加上"重新定义"四个字，我们就会对原有的事物产生新的认知，或者逼迫我们重新认识。重新定义课堂上出现的种种不和谐，可能就是在给我们升级认知的机会。例如学员发起挑战，可以重新定义为学员在邀请讲师学习；学员不愿互动交流，可以重新定义为需要塑造安全的培训环境等。

爱因斯坦说："自信是迈向成功的第一步。"对于讲师来说，自信的讲师才能超水平发挥；对于学员来说，自信的学员才能更有底气学以致用。

## 第3节 心流状态是课堂的最佳培训状态

2019年，我在浙江杭州一家地板生产企业培训"课程开发与设计"课程，企业规定培训时间是从上午9点上到下午5点，没想到那次课程的学员们都特别投入，一直研讨到晚上11点多还不愿散场，好像都忘记了时间和饥饿，可以说那一次课堂达到了心流状态。心流是一个心理学概念，指的是将所有注意力倾注到某件事情上的一种全情投入的状态。而培训上的心流状态指的是培训学员都深度参与，全身投入，全神贯注，心思和注意力在培训课程上，完全忘记了研讨时间，将自己的状态及才能发挥到最佳的状态。

并不是所有的课堂都可以达到心流状态，同频共振的人在一起才可能达到心流状态。人生就是一场旅行，学习也是一场旅行，在旅程中我们会遇到这样那样的挑战，就像升级打怪一般，突破并战胜了怪兽，我们的能力就会不断提升。当然，也有很多"怪兽"我们是无法战胜的。人的能力是有大小之分的，同样的挑战，有人觉得很困难，有人可能根本不认为它是个挑战，就是个家常便饭而已。通常情况下，依据人的能力大小和打"怪兽"的难易程度有三种情形值得关注。

第一，当一个人的能力远远大于"怪兽"所带来的挑战时，他会觉得真是太简单了，就像背诵乘法口诀表，轻轻松松就能解决它。这样他会觉得很无聊，没有任何挑战性，对此事的专注程度也不会太高。

第二，当一个人的能力远远小于"怪兽"所带来的挑战时，他就会感觉到巨大的压力，捉襟见肘，力不从心，以至于觉得受挫和失败，成长进步缓慢。人焦虑的主要原因是他想要的和现实的结果之间形成巨大反差，而他由于能力所限，无法缩小这个差距。

第三，当一个人的能力大小与"怪兽"的挑战恰好匹配时，他的注意力是最集中的，这个时候比较容易进入心流状态，如果是一群人在一起，他们会同频共振，彼此感觉找到了知音一样。

一般来说，如果一个学员以前从来没有接触过某个领域，他在此领域的能力水平是非常有限的，我们给他的挑战也要适度，这样他才能比较容易战胜这个挑战，"打怪升级"成功，产生一种"我能行"的成就感，这样就获得了阶段性自信。之后，学员随着专业能力的不断提升，会遇到有些许难度的挑战，但是因为前期具备了一定水平的能力，经过一番努力还是能够克服的。学员一旦克服了挑战就会获得成就感，就有了挑战下一关的动力，形成了学习成长的良性循环，做到了知行合一，就会消灭"焦虑"之症，这样成功慢慢就会向他招手。

回顾培训的"智慧沉淀与传承——组织经验萃取""课程研发与设计""精彩纷呈的授课技巧"等课程，每每达到心流状态恰好是学员的能力状态和课程挑战难易程度相匹配的时候，学员的能力与挑战，势均力敌。能力和挑战就好像夫妻二人，在前进的人生道路上，彼此相互依偎，互帮互助，互相搀扶，同舟共济。

换一种视角便换一种理解，心理学家维果茨基曾经提出过"最近发展区"的概念，从另外一个视角诠释了心流状态。该理论认为学员的发展有两种水平：一种是学生的起点水平，指的是学员能独立自主解决问题的水平；另一种是学员可能的发展水平，也可以叫作通过培养训练激发的潜能。这两者之间的差异就是最近发展区。学员只有具备了起点水平，才有可能学会新的技能，没有起点水平，则可能出现学习困难，也可能根本学不会。这个理论给我们的启示是：培训内容（包括挑战、案例等）要落在最近发展区才有可能达到心流状态。比如小学生阅读英语短文，开始时大部分单词应该是他认识的，然后慢慢地在里面加入新词汇，并且要控制好数量，保证此学生通过努力基本能看懂，不要拔苗助长。没有不好的内容，只有不合适的人，因材施教也是这个道理。

除了要考虑能力和挑战的匹配问题，高度清晰的目标、整洁有序的环境、合理的时间规划也是影响心流状态的重要因素（如图3-2所示）。

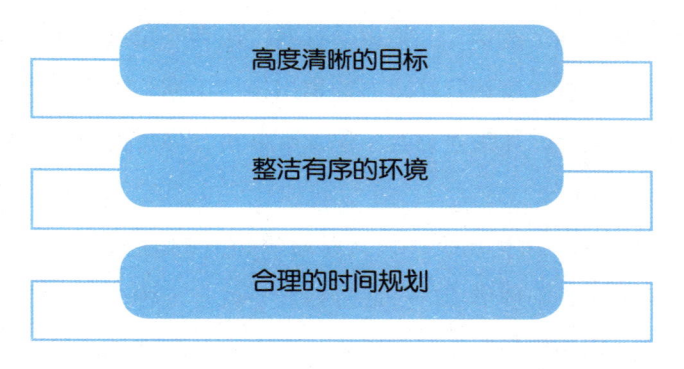

图3-2　心流状态的三个重要因素

高度清晰的目标：给学员一个清晰的目标，要求他在一定时间内完成某个任务，这个任务不要超过他的能力范围，但是也不能太过简单，最好是跳起来就能够得着的，难度的尺度要拿捏好。

整洁有序的环境：培训现场不要摆放干扰学员学习的杂物，保持现场干净、整洁、温馨，必要时可以进行5S管理。

合理的时间规划：比如专注学习25~30分钟后，休息10分钟再回来继续学习，休息时间又称为不是学习的学习时间，心流状态更要遵循大脑接受信息的规律。

## 第4节　做一个情绪稳定的讲师

我曾经在课堂上问过学员："你在大街上遇到熟人时说的第一句话是什么？"回答基本都是"你去哪里啊""你吃了吗""哇，好久不见"等诸如此类的"废话"，但就是这些"废话"拉近了人与人之间的距离。你通过这些"废话"让对方的情绪接纳了你，对方接下来才会听你讲的内容。试想，如果对方都不愿意听你讲，你又如何能影响对方的思想呢？

课堂也是一个社交场所，人人都带着特有的情绪来到课堂，情绪是会相互传染的，心理学上的"踢猫效应"就是一种很典型的坏情绪传染的过程。"踢猫效应"有很多版本，其中一个版本是这样说的：某个公司的老板因为投资失败了，心情非常糟糕，就在公司开会的时候把一个销售总监给骂了；这个销售总监由于被老板骂了，心情也变得非常不爽，就故意找碴把部门里一个平时看着不顺眼的销售主管给骂了；销售主管回到家里看着考试成绩不理想的儿子，没有控制住自己，就把孩子给骂了一通；孩子破门而出跑到马路边，看到一只猫正在觅食，就一脚把猫踢跑了，急忙奔跑的猫不巧被疾驰而来的卡车活活轧死。这个效应反映了人的不满和糟糕心情，一般会沿着某种社会关系链条依次传递，由金字塔尖一直扩散到最底层，无处发泄的最弱小的那一节链条，则成为最终的受害者。人的情绪会随着环境和其他外在因素而发生变化，我们要在潜意识中学会控制自己的情绪，尽量不要让自己的坏情绪发泄到他人身上，让他人和你一样产生不好的感受。

课堂作为一个情绪的聚集地，讲师自然要关注学员的情绪状态，以便达到最佳培训状态。

讲师是一个课堂的主导，学员是课堂的主体，讲师是大多数学员关注的对象，他的情绪状态会潜移默化地影响学员。上等讲师有技术没脾气，中等讲师有技术有脾气，下等讲师没技术有脾气。情绪不稳定是一个讲师最大的硬伤，遇到可以管控情绪的讲师可以说是学员的福气。网上报道过一个初中老师，由于家庭原因造成心里不愉快，但是在进教室前还是整理好心情和妆容，把自己最好的一面展示给学生。这样能掌控情绪的讲师很好地诠释了先处理好情绪再处理好事情的道理。

神经科学里面的三脑理论学说，对于我们深入了解情绪具有巨大的指导作用，这里简要做一些说明。神经科学将大脑分为三个部分：本能脑、情绪脑和理智脑（如图3-3所示）。

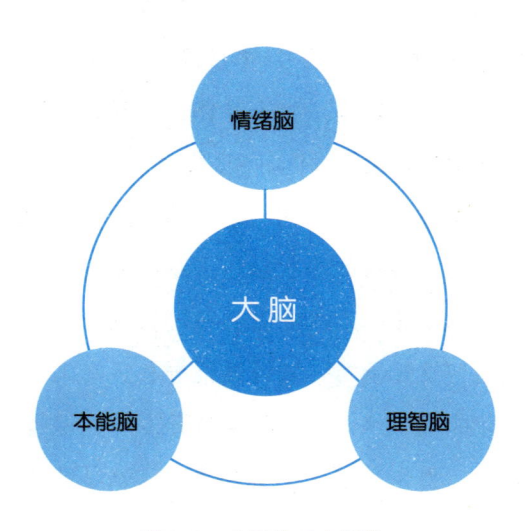

图3-3　大脑的三个部分

本能脑，位于大脑最里层，是大脑最早出现的部分，它的进化时间已经超过三亿年。它掌控着我们血液的流动、身体的呼吸、心脏的跳动等本能活动，它的运行速度是三个脑中最快的，大约是理智脑的几万倍。这个脑袋负责我们的安全，基本动作是逃避、静止或者进攻，它掌管着我们的行为。如果在做饭时，你的手不小心被热锅烫着了，你当时的缩手反应多半是本能脑在起作用。本能脑尽管很呆板，却是我们的安全守护神。

情绪脑位于大脑的边缘系统，进化时间已经有两亿年了。几乎所有的哺乳动物都有这个脑，主管着喜怒哀乐等情绪。情绪脑的特点是喜欢待在原地，保持原状，它考虑问题没有中间地带，不是黑就是白，不是对就是错。当情绪产生时，一些化学物质诸如多巴胺、血清素、皮质醇等，也会随之产生。这些化学物质让我们对某些事情的诉求如痴如醉，不能自控，严重时会让人失去理性思考的能力。例如医院里面的医生警告病人不要抽烟不要喝酒，否则会危及生命，病人遇到烟酒时还是没忍住，这就是情绪脑在陪伴这个病人。如果你在和自己原有的习惯做斗争，经常会被原有的习惯所打败，多半是受到了情绪脑的干扰。

让我们和其他哺乳动物真正拉开差距的就是理智脑。理智脑位于大脑新皮层，这个脑袋最年轻，进化时间只有250万年，它具有思考和规划未来的功能。正如《高效能人士的七个习惯》的作者柯维博士所说，任何事物的创造都经历了两次，一次是在大脑中完成的，另外一次是在现实世界中完成的。这个第一次指的就是在理智脑中完成。理智脑也被称为"逻辑脑"或者"认知脑"，它可以推导和思考未来，并且通过推导进行判断，然后完成决策。如果你正准备开发一门课程，在大脑中事先进行了构想、策划、整合、预演、排练等，这就是理智脑在发挥它神奇的作用。

知其然也要知其所以然，在培训实践中，只有三脑合一时，学员才能真正行动起来。讲师给学员一个刺激后，这个刺激在大脑中活动的一般顺序是：本能脑—情绪脑—理智脑。

当学员到了一个陌生的培训环境时，首先启动的就是本能脑，如果感受到了不安全，就会立刻进行逃避或者反击。这就要求我们塑造安全的培训环境，满足本能脑对安全的需要，真正的学习才有可能开始，否则他就会一直处于防御对抗状态。

本能脑感觉安全了之后，情绪脑就会主动思考：学这个东西对我有用吗？学这个东西与我原来的那一套方法会不会有冲突？如果情绪脑认为没有用，或者认为会完全打破它原来的那一套，不管你讲的东西多么好，它都会让理智脑去搜索原始资料来证明自己是对的。人的情绪分为正面与负面，如果你不小心激发了人的负面情绪，思考活动很快就会退回本能脑，接下来就是逃避或者反击了。如果你通过讲故事激发了人的正面情绪，情绪脑被人世间的真善美所感动，它就可以产生多巴胺等化学物质，让人产生美好的感受。这就是为什么自古以来大师们都喜欢讲故事，好故事胜过千言万语，好故事可抵千军万马。和情绪脑交朋友，投其所好，照顾好它，才能更好地处理事情。

情绪脑被照顾到位之后，理智脑才有精力帮助我们思考解决问题的办法，帮助我们策划未来和畅想远景。这个时候，学员才能听得进去道理和干货，才会去积极思考和联想。大脑深度思考加工过的知识才是有温度的知识。做有温度的讲师，传播有温度的知识，你必须深谙三脑原理。

三脑原理从生理层面解释了学习成长的过程，本能脑为我们的安全保驾护航，情绪脑让我们体验人生的喜怒哀乐等情感，理智脑让我们去思考并规划将来，去不断超越昨天的自己。三脑是一个系统，是一个整体，是一个家庭，只有三脑合一，抱团取暖时才能产生巨大能量去战胜一切未知挑战。

除了三脑理论，艾利斯提出的ABC理论对于解决情绪困扰更加简单易懂。ABC理论中A指的是诱发性事件，B指的是对该事件的看法、解释和评价，C指的是特定情境下个体的情绪和行为的后果。一般认为是A导致了B，但艾利斯认为C的间接原因是A，更直接的原因是B。人们对同一事物有不同的看法，就会有不同的情绪和行为。在成年人的世界里，情绪稳定是一门重要的课程，对站在讲台上传道授业的讲师来说更是如此。学高为师，身正为范，"学高为师"指的是讲师要有渊博的知识，"身正为范"指的是身教胜于言传，情绪稳定的讲师难能可贵，学会管理情绪是成熟讲师的必修课，也是保证培训达到最佳状态的必要条件。

## 第5节　保持最佳培训状态还有哪些注意事项？

保持最佳培训状态的注意事项如图3-4所示。

图 3-4　保持最佳培训状态的注意事项

第一，坚持锻炼。爱迪生说过"读书对于智慧，就像体操对于身体一样"，大脑需要书籍来喂养，身体需要运动来激发，身体健康是财富，身体有问题一切都会归零。培训师本来就是一个体力和脑力共用的职业，课程多了甚至就是一种体力活，没有强健的体魄会吃不消的。

第二，培养爱好。有心的讲师都会把自己的爱好融入自己的培训中，比如有的讲师会唱歌，在开课之前先高歌一曲，提振士气；有的讲师会打太极拳，开课前带领学员打一段，舒展筋骨；有的讲师会画画，授课中根本不用PPT，讲到哪里画到哪里；有的讲师会弹吉他，课程结束弹上一曲，让人回味悠长。爱好会让我们发现不一样的自己，也让自己的专业更加精深。

第三，保持自律。谈到自律就不得不谈及自由，想干什么就能干什么是不是自由？哲学家康德认为自律就是自由，真正的自由不是随心所欲，而是自我主宰。在我们周围不难看到，经常有人在一些场合为自己立下各种目标：这是我最后一次吃肉，我以后再也不吃了；我要一年读50本书；我要每天跑10公里，否则不进家门。这当中的很多人会因为沉迷于自己的舒适区，让自己的誓言在各种借口中消亡。每个人心中都有自己希望的那个样子，通过自律让自己变得更好，这个世界才会更好，自律就是通往自由的钥匙。

第四，闭关修炼。讲师培训了一段时间之后就应该闭关修炼一下，提升"内功"，陶冶性情。我们在培训之后，感觉自己需要突破了，就正是闭关之时。讲师闭关就要外修培训技术，内修思想境界。每个人闭关修炼的出发点都不一样，鲁迅先生的"躲进小楼成一统，管他春夏与秋冬"则是另外一番修炼境界。

第五，持续学习。讲师们会经常听到一句话，"活着只能保持学习，否则你活不下去"。讲师只有不断地去"进货"，才能脑中有货，学员才能源源不断地从讲师这里"取货"。讲师能在讲台上站多久，取决于他的持续学习能力有多强。学习不在一时，而在能否持续。罗振宇讲师的每天60秒语音推送，看似简单，一年365天天天如此就是大神。进入培训行业，注定生命长度有多长，学习的时间就该有多长。可以说，一入教培深似海，终身学习无学期。

# 第四章 选择合适的培训方法

培训方法千万条，自己练会第一条。道家思想的"道法术器势"就把"法"放在了非常重要的位置。"道"指的是价值观层面，包括人的基本价值观、人生观、世界观等；"法"指的是原则、方法论，是人们在自然规则的运行中探索和总结出来的一种方法，是实现道的最根本路径；"术"指的是形式、方式、变式，是具体的技术；"器"指的是工具，工具可以把复杂问题简单化，提高人们的工作效率；"势"指的是我们要顺势而为，顺应时代潮流，不可以逆势而上，势是一种惯性，也是一种不可阻挡的发展趋势。结合成年人学习规律的道，去探究合适的培训之法非常有意义。

## 第1节　因材施教与因内容施教

最早因材施教的模范案例当属大教育家孔子，孔子拿着同一个问题去问不同的学生，然后根据学生的回答来了解他们不同的特点和心理状态，再以此决定其教法，因此孔子成为后人敬仰的圣人。要想做到因材施教，必须与学生深入交流，了解他们，走进他们的内心，破除自以为是的执念，只要学生没学会，就要反思自己是不是对学生了解得不够深入，可是能做到这样的讲师又有多少呢？

培训开始实施前，讲师要做好充分的培训需求调研，明确企业和学员目前的状态，确定培训之后要达到的理想状态，搜集整理好共性问题作为培训方向的指引。一堂100人以上的培训课做到因材施教可行吗？显然难度是极其大的，一般都是课前做好调研，课后因材施教做好辅导，而课中的共性内容要因内容属性不同做好传播。目前，培训界的统一认知是，在因材施教的基础上，不同的内容应该匹配不同的方法。

心理学家本杰明·布鲁姆提出了一个ASK模型，这个模型很清晰地解释了课程内容的三个层次：A是Attitude，代表态度；S是Skill，代表技能；K是Knowledge，代表知识。任何一门课程的内容都会涉及这三个层次，比如知识类培训，包括产品知识、规章制度、操作说明、专业知识；技能类培训，包括拜访技巧、谈判技巧、沟通技巧、销售技巧、写作技巧、课件制作等；态度类培训，包括职业道德、价值观、忠诚度、自动自发的责任心等。

以炒酸辣土豆丝为例：酸辣土豆丝的特点就是知识，现场炒制酸辣土豆丝就是技能，对酸辣土豆丝的喜好就是态度。反映在培训目标上就是增加了哪些知识，学到了哪些技能，转变了什么观念。

通常知识和技能属于冰山的水面以上的部分，能够看得见摸得着，属于显性部分；态度通常在水面以下，不容易被观察到，属于隐性部分。我们通过对人的知识、技能和态度的不断训练，让人形成习惯，从而稳定地提升公司的绩效。由于知识、技能和态度这三部分内容在大脑里面的加工脑区不同，因而也应采取不同的培训方法（如图4-1所示）。

知识类内容 → 技能类内容 → 态度类内容

图4-1 课程内容的三个层次

知识类内容，类似于驾驶员考试中的科目一，属于培训中学员需要记住的相应理论知识，哪里是刹车，哪里是油门，哪里是挡位，雨刮器在哪里等都属于知识层面，被实践验证过的理论更可信。从讲师教的角度来讲，知识类内容的记忆关键在于结构化、视觉化、意义化、口诀化。结构化就是要对原有知识归类分组、排列整齐，建立清晰的结构，本身ASK就是对知识进行结构化的范例。视觉化指的是要把知识进行图形化展示，因为人们对图的理解会远远高于文字。意义化就是指对知识赋予意义，关联大脑的联想功能，加深对知识的记忆效果。比如出门要带的四样东西是"伸手要钱"，身份证、手机、钥匙、钱包四个看似毫不相干的东西，提取首字放在一起就产生了意义。口诀化是指把相关知识组合在一起串成顺口溜，上文的"伸手要钱"也是个口诀，过马路的"一看、二慢、三通过"也是个口诀。口诀化后的知识，脍炙人口，简单好记。从学员学的角度来讲，我们可以出一些选择题、判断题、连线题、涂色题、分析题等让学员来解答，用问题去"折腾"学员的大脑，从不同维度对知识进行深加工，让学员记住我们传播的知识。只有学员记住了，我们才有理由相信他后期会运用。

技能类内容，类似于驾驶员考试中的科目二和科目三，属于学员需要动手和动脑去实际操作的东西。技能类内容还可以细分，比如装卸汽车后备厢的轮胎就是动作技能，开发一个课程就属于智慧技能，回家和儿子沟通本学期学习计划就属于人际交往技能。技能类内容的掌握永远离不开练习，尤其是刻意练习，可以通过角色扮演、情景模拟、实操演练、现场演示、互教互学等方式去训练学员。技能类内容是教学员如何去做的，如果学员仅仅从知识层面知道，但是行为上做不到，知行不合一，就会产生焦虑。技能类内容的学习，没有练习是万万不能的，知道了没用，练习了也没用，练熟了也不够，只有练成了习惯，达到潜意识反应的状态，才真正是"焊"在学员身上的技能。

态度类内容，类似于驾驶员考试通过后，去领驾驶证前让你看的那些惨不忍睹的交通事故视频合集。比如安全类课题通常认为是态度类内容，从知识上人人都知道过马路要走人行横道，从技能上他也会走，但还是每次随意横穿马路，你说这是什么问题呢？改变一个人态度的最好方式不是靠讲授，而是靠体验，尤其是真实体验。唤醒一个人安全意识的最靠谱方式就是带他亲自去"死"一次，但人的生命只有一次，不可能带他去直接体验死亡，不能直接体验的就可以间接体验，去看看那些交通事故的视频，看看别人是怎么死的，效果同样明显。态度类内容的训练方式可以采用视频观赏、情景模拟、现场体验、案例分析、角色扮演等方法。态度的背后是情感，必须运用触动情感的方式才能有效转变态度，在场景中体验，在体验中移情，在移情中转变是态度类教学的锦囊妙计。

具体到个人或者人数较少时，因材施教比较容易实现；人数比较多，共性问题突出的，因内容施教比较理想。因内容施教离不开因材施教，因为你要考虑这个内容的来源，内容来源于需求，来源于目标，最终还是来源于学员。

## 第2节 你的培训方法属于几星级？

国内的酒店按照星级划分可以分为三星级、四星级、五星级，甚至七星级等，你的培训方法如果按照星级划分可以定为几星级呢？当代建构主义教育大师梅里尔教授综合了众多教学模式之后，开创性地提出了五星教学模式，堪称教学方法论中的经典。我结合自己多年的教学实践，来阐述一下这个模式的教学步骤，帮助讲师们清晰地指导教与学（如图4-2所示）。

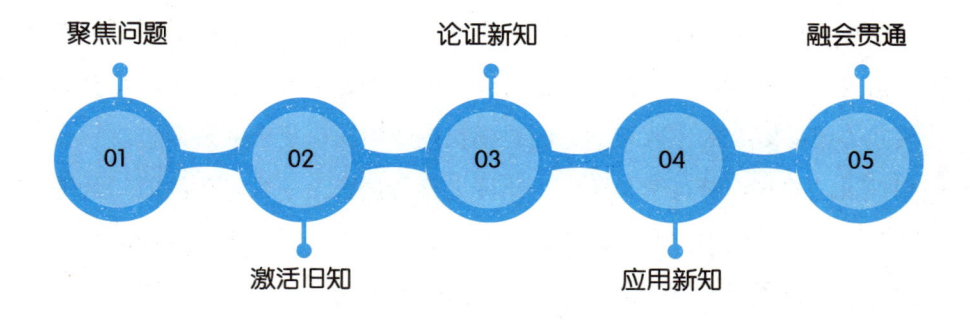

图4-2 五星教学模式的步骤

步骤一：聚焦问题。

培训内容应联系实际工作中的真实问题情境来呈现。也就是说要先呈现一个具体的情境，然后从情境中抛出问题，我们所传播的知识和技能都是来解决这个问题的，这个方法是以问题为导向的。问题是整个课程内容的收拢器，不能解决问题的内容尽量不要放上来。具体来讲有三个小细节：

（1）交代学习任务，向学员表明在学完这节课后，他们能完成什么样的任务或者将会解决什么样的具体问题；

（2）安排完整任务，学员要参与到解决问题或者完成任务中，而不是只停留在简单的操作水平或者行为水平上；

（3）形成任务序列，培训涉及了一系列相关问题，而不是只呈现单一的问题，问题较多时，对要解决的问题做出排序。

聚焦问题这个步骤是整个教学设计的核心，整个教学设计应该以问题为出发点来进行。我们开发一门课程时，一定要知道为什么开发这门课，它能解决什么样的问题，提升什么样的认知，改变学员什么样的行为。如果这些想清楚了，课程的开发就已经成功了一半。

步骤二：激活旧知。

每个成年人来到课堂，他们的大脑绝对不是一张白纸，他们是带着以前的经验、阅历、背景、性格特质、价值观、情绪、原生家庭特有的模式等错综复杂的东西来的，面对学员头脑中这么复杂的东西，讲师要想把自己的知识装进学员脑中，比登上喜马拉雅山还难。激活旧知就是要激活学员头脑中原有的知识和经验，让其和新知识产生链接和联系，一方面疏通了新旧知识之间的桥梁，建立了支架；另一方面也坚定了学员学习的信心，因为他用旧知可以解读新知。激活旧知环节同样也要注意三个小细节：

（1）回忆原有经验，可以回忆、说明或者展示旧知识；

（2）补充旧的知识，如果学员那里没有，就要补充或者提前预习，例如做一些课前导读；

（3）明晰知识结构，比如我们看完了一本书，用思维导图的方式把这本书的知识结构画出来，就是一种明晰知识结构的方法。从整体知识结构的角度看每个具体的知识点会更有价值，这也是高效的学习方式之一。

在课堂上，学员才是主人，讲师要想法设法让学员去动脑、动口、动手，以问题为抓手，开展小组共创，让他们自己去寻找解决问题的办法，把以前的经验呈现出来，经过讲师的引导及指点，达成集体共识，归纳、总结、升华，形成新的知识体系。

步骤三：论证新知。

这个阶段是很多讲师熟悉的内容呈现阶段，在呈现内容时尽量遵循先感性后理性的原则，考虑到人具有模仿学习的特点，讲师尽量要通过论证而不只是讲解的方式来呈现新知。

这个步骤也要注意三个细节：

（1）紧扣目标施教，整个教学过程不要偏离目标，以目标为航向；

（2）提供学习指导，运用讲故事、打比方等容易理解的方式来指导学生；

（3）善用媒体促进，运用新媒体做到视觉化，能用表的不用文字，能用图的不用表，能用动画的不用图，能用实物的不用动画。

大脑里面的镜像神经元在此阶段发挥主要作用，比如小朋友甲看到小朋友乙正在哭闹，也跟着不明原因地哭闹起来；你看到电影里的主人公受伤，自己也感到很难过；夫妻两个人在一起时间长了感觉像一个人一样，思维模式和做事方式都趋于一致，这些都是镜像神经元在起作用，让人对他人的情绪感同身受。镜像神经元会使人不由自主地进行模仿，而且是持续的、不知不觉的。你想快乐，就要和快乐的人待在一起，你会复制他的思想和行为；你想幽默，就要和那些幽默的人待在一起，你会复制他们的风格与气质；你想变得有学识，就要和知识渊博的讲师在一起，慢慢你也会变成那样。人最重要的学习能力就是模仿，讲师在论证新知这个环节要让学生看到论证的整个过程，讲师示范、展示、论证，学员观察、思考、模仿，真正的学习就在不知不觉中发生，这是多么微妙的一件事情呀！

步骤四：应用新知。

讲师讲得再好，如果学生不去运用的话，新知永远不是学员的，过几个月就基本还给讲师了。没有练习哪来转化？一听就懂，一用就废，是大多数学员的现状。新知有没有学会，一用便知，这个阶段就是检验知行合一的阶段。讲师不要用自己的认知来看学员，讲师认为是一个基本的知识点，对于学员来讲可能就是登天的难题。讲师可以通过一些练习来测试学员，了解学员对于新知的掌握程度和理解程度，也便于学员及时纠正自己的认知偏差及误区。运用新知需要三个步骤来实现：

（1）紧扣目标操练，在讲师的指导和干预下，小组成员紧扣教学目标展开练习；

（2）逐渐放手操练，伴随着熟练程度的提高，讲师逐渐减少指导和干预，学员开始尝试独自去操练；

（3）变式问题操练，独自操练完成之后，设置不同的场景，尝试着去解决一组变形的问题。

让学员去训练、去练习的时候，要遵循由易到难的逻辑，从知到行之间距离很远，需要垫很多块石头才有可能达到。在练中学，在学中练，没有训练的培训是伪培训，一堂实战的培训课程，应该留下至少20%，甚至50%的时间让学员去训练。

步骤五：融会贯通。

融会贯通也叫"举一反三"，这个步骤有三种实现方式：

（1）实际表现业绩，学习者公开展示所掌握的技能；

（2）反思完善提高，反思、讨论或者自我辩论新知识技能；

（3）灵活创造运用，创造、发明或者探索运用新知。

融会贯通一般用于课后布置作业、安排课后实际场景训练等，融会贯通是强化和巩固新知识的重要阶段，也是激发学习者运用新知的重要环节，形成个人版本的理解是融会贯通的标志之一。

培训真正的目的是让学员能够解决工作中遇到的各种难题，新知融入旧知体系，成为知识体系的一部分，运用知识技能去解决问题的培训最有价值，否则就是无效的培训。

五星教学模式是以解决实际问题为导向，把学员视为课堂的主人，通过激活学员的旧知来学习新知，进而把新知用于实践的一种教学方法，以下列举三个例子来说明其简单运用。（如表4-1至表4-3所示）

表4-1　五星教学模式案例一

| 主题 | 老年人如何用微信和家人视频聊天呢？ |
| --- | --- |
| 步骤 | 设计。 |
| 聚焦问题 | 现在技术发展太快，很多老年人不会用智能手机，更不会用微信等工具进行视频聊天，因此带来诸多不便。在手机有网络支持的情况下，老年人如何用微信和家人进行聊天呢？ |
| 激活旧知 | 很多老年人都有以前打座机电话的经历，以前打电话是先找电话本，然后查号码，最后拨号，等"嘟嘟嘟"响声响起，对方接听就可以通话了。 |
| 论证新知 | 在手机有网络信号的情况下，现在微信视频是先打开微信，然后找到对方头像，进入聊天界面后点击下面的音视频通话中的视频通话，对方接听就可以视频了，给老人边示范边讲解。 |

续表

| | |
|---|---|
| 运用新知 | 选定给孙子视频聊天，老人单独操作一遍：打开网络和微信，点击孙子头像，找到音视频通话，点击视频通话，孙子接通后就可以视频聊天了。 |
| 融会贯通 | 引导举一反三：<br>如果和孙女视频聊天怎么办？<br>如果和老同学视频聊天怎么办？<br>如果和广场舞舞伴聊天怎么办？ |

表 4-2　五星教学模式案例二

| | |
|---|---|
| 主题 | 如何解决提问过程中的尴尬局面、冷场局面？ |
| 步骤 | 设计。 |
| 聚焦问题 | 很多讲师在课堂教学中善于提问，但是提问过程中难免会遇到冷场和无人应答的局面，面对这样的尴尬如何去化解呢？你觉得是讲师的提问有问题还是学员的状态有问题呢？ |
| 激活旧知 | 行有不得，反求诸己。小组集体回忆曾遇到的关于提问尴尬的场景，每组投票选择一个最具代表性的上台分享。 |
| 论证新知 | 发问：出现提问尴尬的原因是什么？<br>示范：播放一段视频，然后示范发问过程。<br>引导：上述发问过程为什么有效缓解了尴尬局面？为什么人人都能回答出来讲师提出的问题呢？这背后隐藏的核心因素和规律是什么？<br>讲解：借助 ORID 来发问可以有效避免尴尬，也就是先问 O 事实，再问 R 感受，接着问 I 启发和思考，最后问 D 行动。 |
| 运用新知 | 给定素材，让每组学员运用 ORID 上台演练发问过程，并观察同学们的反应。 |

续表

| 融会贯通 | 让学员结合自己的工作实践，谈谈对于运用 ORID 发问技术的理解，并布置作业：运用 ORID 回家与家人做一次沟通对话，写成文字版材料发到指定邮箱。 |
|---|---|

表 4-3　五星教学模式案例三

| 主题 | 如何让幼儿园刚毕业的孩子初步认识乘法？ |
|---|---|
| 步骤 | 设计。 |
| 聚焦问题 | 很多幼儿园刚毕业的孩子只会简单的加法，并不了解乘法是什么？如何让幼儿园刚毕业的孩子初步认识乘法呢？ |
| 激活旧知 | 写出等式：2+2+2=？和 3+3=？让他算一算，基本上大班毕业的小朋友都可以算出结果来。 |
| 论证新知 | 给孩子全程示范把 2+2+2=6 和 3+3=6 写成乘法算式 2×3=6 和 3×2=6，写的过程可以放慢，让小朋友看清楚，边写边讲解。 |
| 运用新知 | 让孩子把 4+4 写成乘法算式，正确后可以奖励一个棒棒糖，让孩子把 5+5+5+5 写成乘法算式，成功后可以奖励两个棒棒糖，并赠送两张可爱卡通小贴纸。 |
| 融会贯通 | 引导反思：我们家有 4 个人，楼下住着 2 个人，引导孩子思考我们家人数是楼下人数的几倍？这个用乘法算式如何来写呢？ |

以上三个案例属于五星教学模式的简单运用，五星教学模式展示了一个很好的教与学的框架，其中聚焦问题、论证新知点明了讲师如何教的问题，激活旧知、运用新知、融会贯通属于学生如何学的问题。五星教学模式中讲师和学生交替出现，互相促进，教学相长，在对话中完成智慧的传承。

养兵千日，用兵一时。练功千日，立功一时。

学习成长是一个过程，讲师的修炼同样也是。根据五星教学模式，可以推导出一般讲师成长会经历的五个成长阶段，看看你在成长路上的哪个阶段，以明确方向。

第一阶段：把内容视为命根子。

敢于登上讲台，但是讲课是以内容为中心，离不开PPT课件和讲稿，如果离开这些，就没有思路无法讲课。这个阶段是讲师对内容本身不熟悉，没有把内容变成潜意识的习惯性反应，要浪费大量的精力在内容上，根本没有精力去关注学员和其他。

第二阶段：探究如何把内容讲得更好。

经过第一阶段的不断练习和复盘反思，内容已经内化为身体的自动化反应，可以随时随地灵活调用，根本不用看自己的内容，开始考虑如何把内容进行结构化展示，如何清晰生动地讲解给别人，比如举例子、打比方、讲故事、做游戏等。这个阶段是讲师把内容内化为基本功后，腾出更多精力在内容结构、形式上进步。

内容+结构+形式=讲得更好。

第三阶段：小心尝试与学员互动。

讲师慢慢发现，自己讲得再好也没用，只有学员学得好才有价值。前两个阶段，讲师课程的重点在如何教，还是以自己为中心，到了这个阶段，要学员怎么学咱就怎么教！讲师开始慢慢以学员为中心，慢慢放下了自己，做到了心中有学员。于是，案例分析、小组讨论、角色扮演、沙盘模拟、引导提问、趣味游戏、视频教学、情景模拟统统全上，学员玩得不错，好像对内容吸收得也不错。

第四阶段：开始聚焦于帮助学员解决痛点问题。

通过前三个阶段，讲师讲课有内容，有框架，有形式，还有互动，可以说，学员听得过瘾，学得通透，但学员还是一听就懂，一用就废。在这个阶段，讲师开始思考知识远迁移的问题，也就是如何用自己的专业知识去解决每个学员特定场景下痛点问题的能力。于是在课堂上，讲师会现场调研各位学员共同关注的共性问题，以共性问题为中心展开教学，这个非常考验讲师的功力，万一学员的问题超出了讲师的认知范围，就会不可控。

第五阶段：把课堂看成师生集体共修的道场。

经历过前四个阶段，再优秀的讲师也会意识到，自己的认知永远是有边界的，学员的问题是层出不穷的，要想让大家满意，唯有发挥群体智慧。没有最终的答案，只有永恒的问题。课堂上，由用讲师一个人的脑袋，变成用全班所有的脑袋来集体共创。为此，学员们关心的共性问题就变成课程纲要，集体的热烈研讨就变成教学主体，最后的研讨结果就是大家的集体共识，讲师就是个"助产士"的角色。在这个过程中，讲师、学员，包括课程本身都会全面迭代，教学相长真正发生了。

这是我结合五星教学模式总结出的讲师修炼五阶段，也道出了大多数讲师的成长历程，你处在哪个阶段呢？慢就是快，少就是多，我们都修炼在路上！

基于五星教学模式的启发，如果一个小白培训师想把培训搞得专业一点，可以参照以下五个步骤进行：先讲讲为什么，阐明好处；再讲讲是什么，明确概念；然后讲讲怎么做，交代流程；外加一些小练习，检测一下学习效果；最后总结回顾一下，就可以结束课程了。

## 第3节　讲授法在培训中的运用

谈到讲授法，通常认为有一间教室再加一张嘴就可以了，但是讲授法其实并不简单。讲授法的核心要义在于讲、问、答三个字的充分延展（如图4-3所示）。

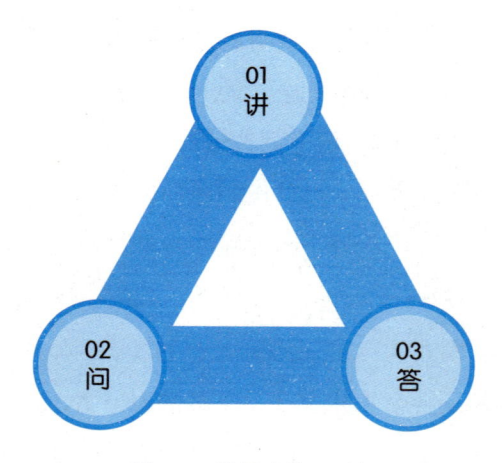

图4-3　讲授法的三要义

第一，讲。把复杂留给自己，把简单呈现给学员，是一个讲师在讲课时要做到的，但是现实却相反，讲师一上台就会不由自主地把内容讲复杂，经验越丰富的讲师越会这样。学员坐在下面就想听简单的、有效的、直接的，现实却是一不小心课程就会变成"照本宣科式培训"，单纯靠讲无法照顾到学员的个人需求，体验效果比较差。

第二，问。问可以说是讲授法中的核心技术，高手讲师都善于给自己讲授的内容匹配高品质的问题，引导学员去思考。讲师在台上讲，学员坐在台下听，学员的大脑要时时刻刻处于思考状态才对，而提问就是兴奋剂。我们讲解的内容都应该是某个问题的答案，问题由讲师提出，答案由学员找寻，不到恰当时机，讲师不要轻易说出答案，从学员嘴里说出来的答案和从讲师嘴里说出来的答案有着天壤之别。问题问到位了，问题本身就是答案。

第三，答。师者，传道，授业，解惑也。解答学员的疑问也是讲授法中的重要形式，是直接给答案还是继续发问引导其深度思考，抑或是举个案例让学员自己分析得出答案，不同的解答方式也要视学员水平而定。

从多年的培训经历来看，运用讲授法需要注意以下五点：

（1）理性太多，感性太少。有的讲师讲授过程中充斥着大量的理性信息，故事、案例、视频、活动、图片等感性信息太少，整个课堂死气沉沉，学员昏昏欲睡，左脑感觉有道理，右脑感觉无聊。讲师们运用讲授法讲授时要把左右脑都照顾到位，给左脑输入干货时，不要忘了给右脑输入佐料。

（2）滔滔不绝，目标缺失。讲授法中讲师的自由度比较大，可以充分展示讲师的才华与水平。但是物极必反，越想显摆自己的讲师反而效果越差，教学最后评估的不是讲师讲得多好，而是学员学到了什么，有什么实实在在的收获，切莫忘记了教学目标。所有的内容和形式只有围绕目标去延展才有意义，否则输出的越多，学员越迷茫。

（3）逻辑混乱，衔接不清。有的讲师讲授过程逻辑混乱，前后内容连贯性太差，所讲内容根本不在一个频道上，给学员的感觉是云里雾里，学员认知负荷太大。建议讲师给内容找到一个合适的维度去展开讲解，这个维度可以是案例、观点、步骤、场景、工具、方法等，有了维度就有了串起内容的线。

（4）自嗨课堂，无人参与。讲师在那里讲得眉飞色舞、手舞足蹈，处于一种自嗨状态。学员在那里目瞪口呆，无聊至极。讲授法也可以引导学员参与我们的课堂，至少要保证大部分学员参与进来，有参与才会有体验，有体验才会有感觉，有感觉才会去认可，有了认可才有可能带来转变。

（5）人数众多，参差不齐。由于讲授法所需的条件简单，只需要一个讲师一个教室就能搞定，很多培训组织者就在思考，与其让50人来听课，不如让全公司1000人都来听，反正讲师一个人也是讲，1000人也是讲。少就是多，该给谁培训谁就来听，不该来听的千万不要来。每个人的岗位和层次都不一样，同样的知识有人感觉简单，有人却感觉比登天还难，尽量让同一水平的人在一起学习，同流才能交流，交流才能交心。有些课程还没开始上，即将来上课的学员就让讲师尴尬了。

## 第4节　小组讨论法在培训中的运用

　　小到家庭会议大到公司年会，很多场景都离不开小组讨论。小组讨论法顾名思义就是把学员分成若干小组，分配给每个小组固定的议题，小组成员在规定的时间内发表言论，然后归纳、总结、提炼，通过小组成员的集体智慧解决问题的一种方法。

　　当组织一群人在一起讨论问题时，有人可能说个没完，有人可能一言不发，这样很容易搞成一言堂，小组讨论的目的是发挥集体智慧来解决问题，很可能那个不发言的人见解最独到。为了让每个人都参与进来，一定要用规则与流程来规范小组讨论。想象一下，如果马路上没有红绿灯会是什么样？有了红绿灯，如果没有摄像头又是什么样？门从哪里开，人就会从哪里走。如果企业中的人频繁出现问题，首先就要问流程与机制有没有问题，往往我们可以改变的是机制，而不是人性。

　　一个有效的小组讨论离不开三个核心要素（如图4-4所示）。

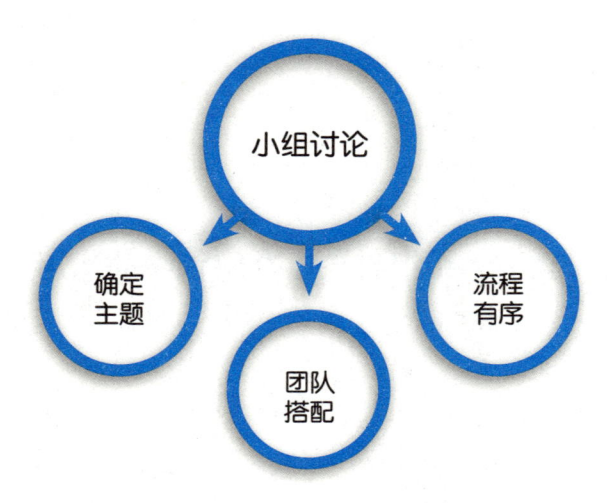

图 4-4 小组讨论的三要素

第一，研讨主题。大家在研讨前首先要做的就是对研讨主题的理解达成一致，解决问题之前要先澄清问题，先做正确的事情，然后再把事情做正确。

第二，组建团队。一个小组就是一个团队，团队讨论问题可以避免盲人摸象的误区，团队成员最好要性别搭配、性格配合、部门穿插，小组和小组之间可以结合竞赛来进行，人数控制在6~9人，人多了不可控，人少了没内容。

第三，可靠流程。一群人讨论问题时，要想在有限的时间内达到理想的效果，把无序的发言变成有序的研讨，就要有可靠的流程来保证，一般采取以下流程：

（1）在主题理解达成一致的前提下，规定发言顺序、时间和角色，一个一个按顺序发言。比如从桌子左边的学员开始第一个发言，每人时间两分钟，明确组长任务和记录员的任务。

（2）每个学员按照顺序发言，记录员负责记录，此阶段延迟评判，如有评判想法，先放到"停车场"。

（3）全部发言完毕后，收集所有观点进行整合、提炼、重组、补充、延伸，请注意此阶段互相质疑和批判时要对事不对人，要带着关怀的心态来进行。

（4）形成统一结论后，找一个代表上台发言，其他组同学做点评和补充。

除了以上通用流程，组织小组讨论还有一些注意事项：

（1）时间把控。平衡好组长组织和参与者发言时间，对于一些无意义的闲聊或者争吵应及时叫停，杜绝无休止的、毫无意义的讨论。时间是有限的，要在有限的时间内做最有效果的事情。

（2）记录习惯。有人发言，有人记录，这是对发言人的尊重，也是对讨论结果的显性化。写出来的东西比说出来的东西更要求有结构性，尤其是对重要观点的梳理与提炼。

（3）有效控场。当讨论偏离主题时要能够适时拉回来，发现有价值的观点时要能及时激发，发散出更多创新的点子，要掌握好学员发散与收敛思维的节奏进程，调节好研讨的情绪氛围。

（4）鼓励否定。爱因斯坦曾说："如果一个想法在一开始不是荒谬的，那它就是没有希望的。"团队里面任何创新的观点都可以受到赞美，任何不靠谱的观点都可以受到质疑，没有任何观点不可以被否定。

（5）认知水平。由于团队成员的认知水平有限，讨论的成果很可能达不到预期。但是这个讨论的集体成果肯定胜过里面任何一个人的观点，大家要有一定的心理准备，正所谓"三个臭皮匠，顶个诸葛亮"。

## 第5节 角色扮演法在培训中的运用

角色扮演法就是将受训者置身于一个实际的工作场景或者生活场景中，让其在这个场景中扮演特定的角色，在完成任务和解决实际问题中提升个人能力，它是培养职业心态的一种训练方法，角色扮演法通常用于训练人际交往技能和解决场景问题。

角色扮演法的操作有以下五个步骤，如图4-5所示。

图 4-5 角色扮演法的五个步骤

（1）场景描述。清晰阐述场景中的核心要素，如背景、人物角色、任务、挑战及注意事项等，明确好角色分工和扮演任务。

（2）角色扮演。学员进入角色开始整个扮演过程，上台扮演的学员毕竟是少数人，大多数学员会坐在台下观看，如果不让观众带着特定的任务观看，他们很可能会溜号。所以，在角色扮演之前就要分配具体的任务给每个小组，让小组带着针对性的任务进行观看与学习。

（3）过程调频。由于学员对角色的理解能力可能有偏差，他们的行为可能不符合要求，这个时候讲师要及时纠偏，让学员回到角色扮演的核心目标上来，紧扣目标角色扮演，切忌为了娱乐而扮演。

（4）复盘总结。回顾整个扮演过程，对比要达到的扮演目标，分析核心角色的行为及心态感受，总结提炼工作思维方式及方法论。

（5）输出规律。角色扮演一般都是特定的场景，主人公在场景中移情进入角色去处理问题，这样主人公就会有体验，下次再遇到类似场景就会有经验。但是经验往往是不靠谱的，经验只有变成规律才能有效指导行为，这个阶段要带领学员反思经验，直到总结出规律才算完成。

角色扮演法的运用有以下三点值得注意：

（1）冲突的激烈程度。一个角色扮演活动中最重要的是要有激烈的冲突出现，冲突越激烈越会引起人们的关注，比如如何和成绩差的孩子沟通学习提升、如何说服经常吸烟的人戒烟、如何让情绪激动的人安静下来。类似成绩下滑、产量下降、离职率增加、秩序混乱、生产成本大幅增加、客户投诉量激增等都属于比较好的"冲突"，切莫用和谐"冒充"冲突。

（2）研讨的深入程度。角色扮演的目的是让我们传递的知识更容易消化和理解，所以角色扮演中或者角色扮演后，都可以运用小组讨论的方式对角色扮演中的事件、做法、心态、思维等展开研讨。研讨的成果要互相交换碰撞，最终生成大家一致认可的答案，如果条件允许的话，还可以进一步生成行动计划书。

（3）点评总结的深度。学员学习的深度取决于讲师的引导，讲师不仅仅要引导学员从角色扮演中学习相关"术"和"器"，也要适时点明"道"和"法"。"怎么做"固然很重要，但是比"怎么做"更重要的思维层次是"为什么"，不懂得"为什么"的人都是在蛮干！人类的大脑有一个特点：你不告诉大脑这个事情能给它带来什么，大脑就会变得肆无忌惮，不会按照原来的计划去做事。"为什么"就是"什么"和"怎么做"的深度，知道"为什么"的人，最后总能把"怎么做"的事情搞定。

## 第6节　视频法在培训中的运用

视频法可以同时刺激学员的视觉和听觉，有很强的代入感，可以让学员在逼真的视频场景中产生移情，是一种调动全脑参与的培训方法。市面上出现的"看电影学管理""看电影学营销""看电影学谈判"等都属于视频法的经典运用。

在培训中要想用好视频法，需要注意以下几点：

第一，所选视频一定要和课程内容高度相关。同样一个视频，不同的学员会有不同的理解角度，讲师在播放视频时要声明视频探讨的角度和方向，切勿让学员的思维过于发散，所有视频素材都是为教学目的服务的。

第二，让学员带着问题看视频。讲师事先在白板或者PPT上打出视频播放的引导问题，让学员带着问题学习更有针对性，否则散漫地看视频效果很差。

第三，可以边播放边讲解。如果视频时间较长，播放到一定节点就可以搭配讲师的讲授，如果全部播放完再回忆视频中的内容，难免会遗忘，视频的播放和讲师的讲解可以交替进行，最后由讲师做统一概括。

第四，引导学员行动应用。再好的视频素材都要活学活用，培训中所用视频一般都是电影片段或者自拍视频，无论哪种视频都要反思：视频中主人公的做法如何在工作中运用？我们可以这样思考：视频中播放了什么？哪一点让你感触最深？这个视频对你有什么样的启发？你接下来打算在工作中开展的第一步是什么？

第五，注意视频的质量问题。视频的质量特指清晰度和时效性，视频尽量选择高清视频，时效性尽量选择三年之内的视频，除了某些经典桥段，年代久远的视频不建议使用。

第六，可以自录视频。如果找不到合适的视频，就可以考虑自己录制视频，自己录制视频要编写好剧本，找好演员，布置好场景，调试好设备，然后就可以开始现场录制了。

## 第7节　示范法在培训中的运用

前文提及过，人的大脑里面有镜像神经元，镜像神经元有一个最重要的模仿作用。模仿是人的一种非常重要的学习能力，人是在模仿中不断学习的。你周围的人都在不知不觉地给你做示范，你和周围的人接触时间长了，自然就学会了这些人的思维模式和做事方式。你也没有刻意去学习，但是你却改变了，这就是镜像神经元在发挥模仿作用。

讲师完整示范一个工具的使用方法，示范的应该是一个范本或者标准。很多企业都有"传帮带"的文化，但是没有标准的带都是瞎带。当没有标准时，有人给出了标准，这就是进步。示范法中，前期讲师示范，中期提供标准，后期按照标准操练。

有效的示范一般要经历以下步骤：

（1）讲师做，学生看。讲师按照标准示范，然后加以讲解，学生聚精会神观看，领会其中要领。

（2）讲师做，学生也做。讲师带着学生一起做，学生初步尝试知行合一。

（3）学生做，讲师看。学生独自操作，讲师纠偏辅导，由于学生在学习新本领，要突破自己的舒适区，可能要反复操练多次才能符合标准。在这个阶段讲师一定要耐心辅导，勇于给学员试错的机会。

（4）学生做，讲师赞。成就感是激励一个人持久做一件事的最有效动力，讲师的及时激励对于学员的作用巨大，让学员产生"我可以"的感觉，从而自然而然地产生"我愿意"的想法。

（5）讲师和学生共同总结。讲师在教授学生本领的同时，学生也会启发讲师，讲师要根据学生的反应调整优化自己的教学节奏，适当迭代教学内容，学生也要及时调整状态，跟随讲师的步伐和教学程序。

为了让示范法做得更加规范，以下几点需要注意：

（1）示范前做好准备。示范前准备好物料和工具，布置好示范场地，保证在示范时学员可以清楚地看到操作标准和要求，对于空间内干扰学员注意力的物品应尽量剔除。

（2）示范后及时练习。示范只是前奏，更重要的是示范后的个人演练，演练应该遵循由易到难的顺序，演练人数较多时，可以采取互教互练的形式，教实际上才是最好的学。

（3）给予及时的反馈。反馈是教学的生命线，尤其是及时的反馈。比如很多成年人经常玩的连连看游戏，这个简单的游戏之所以让人上瘾就是因为它会立刻给你反馈。学员做得好的要及时肯定；做得不好的，要及时纠偏，给予指导。

（4）结合竞赛训练。人都是社会化动物，自己和别人比就会看到差距，自己和自己比就会看到进步，前者提供方向，后者提供动力。结合竞赛进行示范后的练习，塑造"比学赶超"的竞技氛围，让每位学员都能遇见更好的自己。海明威曾说过："优于别人，并不高贵，真正的高贵是优于过去的自己。"

## 第8节　案例分析法在培训中的运用

案例分析法在我的培训教学中曾经被广泛运用，原因就是单纯的知识是不具备教学功能的，而案例本身就具备教学功能。人生旅途中每个人都会遇到很多"坑"，如果跌进去后爬上来了，也用文字把这个过程记录下来了，就给后人留下了学习的素材，后人学习之后可能就不会跌倒；如果跌进去没有爬上来，但后人用文字把这个过程记录下来了，同样也留下了宝贵的学习资源，学习之后就有可能爬出这个"坑"。有失败的案例，自然就有成功的案例，失败的案例会告知我们误区，成功的案例会启发我们方法。以下列举三个案例来做分析：

案例一：师傅不愿教徒弟，怎么办呢？

2015年9月份我在湖南某重工企业做"组织经验萃取"专题培训，当时企业组织了全公司大约50位各领域专家参加培训，按照各个岗位的不同专业，一共分了六个组。这些专家工作经历最少的都有15年，大部分工作经验都在20年左右，还有很多人即将面临退休，企业的意思是人可以走，但是经验要留下来，企业希望能用这些老员工身上的经验去培养新人。

在商业领域有句话叫：教会徒弟，饿死师傅。企业希望有能力的师傅能够去培养新人，让优秀的人去复制更优秀的人，但是师傅却有自己的想法，不愿轻易把本事教给徒弟。如果企业长期处于这种状态，就会导致人才断层，后继无人。新人来了，一切都要重新开始，企业用人成本和时间成本大幅上升。

在那次培训中，我明显能感觉到这些老员工不愿分享自己的宝贵经验，如果按照理想状态把他们身上的经验都分享出来是100分的话，那么他们顶多愿意分享20分的内容。如果你是当时的讲师或者培训组织者，你会怎么办呢？

海尔张瑞敏曾说过，"下属素质低不是你的责任，但是不能提高下属的素质就是你的责任了"。可见，在优秀的企业中，培养优秀的下属是管理者的一项核心任务。

这家企业为了让老员工分享自己的经验财富，也给出高课酬来激励他们：只要能把核心的东西讲出来，就会获得高额的课酬回报。面对这些经验丰富的老师傅，单纯靠课酬来激励他们显然没有多大的吸引力。

后来我和企业管理层经过探讨，决定从精神激励和情感激励角度激发老师傅。比如为师傅分享的内容申请版权，费用都由企业来出；体系化的知识可以协助出版书籍，因为每个人都重视他们自己的东西；优秀的师傅可以在公司显眼的位置进行形象展示，每年教师节都会受到集团高层领导的款待；课讲得好的师傅可以优先晋升等。

案例二：公司搞了股权激励，为啥业绩一路下滑呢？

我曾培训过国内一家大型民营企业，这家企业老板带着管理层去国内某知名企业参观学习之后，回来决定实施股权激励，当时的认知是"某知名企业有10万名员工，持股人数达到了数万人，老板自己的股权比例只有2%，其余全部分给了员工，真正调动了员工的积极性，员工才是公司真正的主人"。他们召开了一个股权激励启动大会，现场气氛非常热烈，员工热情高涨，老板发誓要给员工一个崭新的未来，让他们看到新的希望。会后一个月就颁布了股权激励计划细则，大家都很看好这个计划。看到员工激情满满，老板激动得整个晚上都没睡着觉。

但是好景不长，你猜猜发生什么事情了？那些分了股权的员工开始偷懒了，陷入内耗中，吃大锅饭了，没有了奋斗的动力，公司业绩一塌糊涂……

你要是这家企业的老板，你该咋办呢？

正所谓"成也萧何，败也萧何"，股权激励就是一把双刃剑，既能成就你，也能毁掉你。你认为是人出问题了还是股权设计有问题呢？

案例三：你的工资是老板发的还是客户发的？

在2019年苏州的一场公开课中，课间休息时一位老板和我抱怨："现在的年轻员工太难管了，说不了两句就抬杠，再说两句就辞职不干了。而且想法特别多，脑袋想得多了，行动力就弱了，我们企业根本没有干实事的人。"

我当时问他："是你给员工发的工资吗？"

他说："当然是我发的，拿别人钱就该给别人干活，这是天经地义的事情，可是这帮年轻人根本做不到，都停留在嘴皮子上。"

我还问："是你给员工发的工资吗？"

这位老板陷入了沉思……

张瑞敏提出了"人单合一模式"，"人"指的是员工，"单"指的是用户价值，人单合一指的是员工的价值实现和用户价值合一，每个员工都应该直接面对用户，创造用户价值，并在创造用户价值中实现自己的价值，员工因用户而存在，有"单"才有"人"。

你能给客户创造多少价值，就能拿多少薪水。如果员工的工资是客户给的，那员工凭什么要听老板的？

从以上三个案例中，我们发现案例本身就具有教学功能，讲一个好案例胜过讲一千个道理，要想运用好案例，首先要学会编写案例，编写案例通常运用STAR工具（如图4-6所示）。

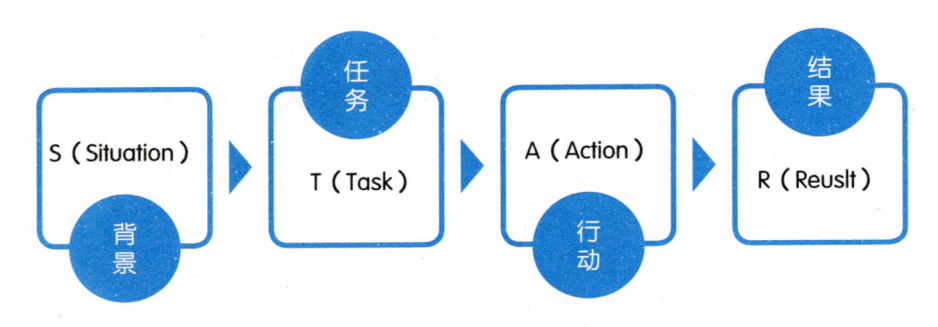

图4-6 STAR工具的四要素

S（Situation）代表背景，诸如时间、地点、人物、事件等基础信息。

T（Task）代表任务，主人公在上述背景中要去完成一个任务，而且这个任务具有挑战性，这个挑战通常包括难点和痛点。

A（Action）代表行动，主人公面对这个挑战性任务所采取的一系列行动，要分析行动背后的原因。

R（Reuslt）代表结果，不论采取什么样的行动都会出现一个结果，这个结果会验证行动的正确性及背后的价值观。

运用STAR工具可以简单勾勒出一个案例的框架，好的案例具有以下特点：

（1）完整性。

一个好案例包含背景、任务、行动、结果等核心要素，细分可以有时间、地点、人物、经过、细节、结果等。

（2）挑战性。

一个案例是否精彩，关键在于是否有足够大的挑战。这个挑战的背后会隐藏主人公大量的智慧，而这个智慧就需要学习的人去挖掘。

（3）真实性。

案例区别于故事的特点在于它的真实性。案例和故事都是人编写出来的，人的大脑有把事情合理化的倾向，我们在编写案例时要觉察到这一点，尽量还原案例的真实性。

（4）启发性。

讲案例本身不是目的，给人带来启发才是目的。建议讲完案例后讲师就停住，不要急于揭示案例背后的道理，道理是"悟"出来的。

（5）实效性。

好的案例也要做到与时俱进，不要试图用过去的经验来解决未来的事情。案例基本都是过去发生的事情，应根据市场不断迭代，争取每次讲解都是最新版本。

## 第9节　游戏法在培训中的运用

人的天性是追求快乐，逃避痛苦。游戏法作为培训中一种体验式的学习方式，深受广大学员们的喜爱，好的游戏总能将所要阐释的道理隐藏其中，学员玩游戏之后就自动体会了其中的道理。

培训中，通常有以下几个环节可以运用游戏法，如图4-7所示。

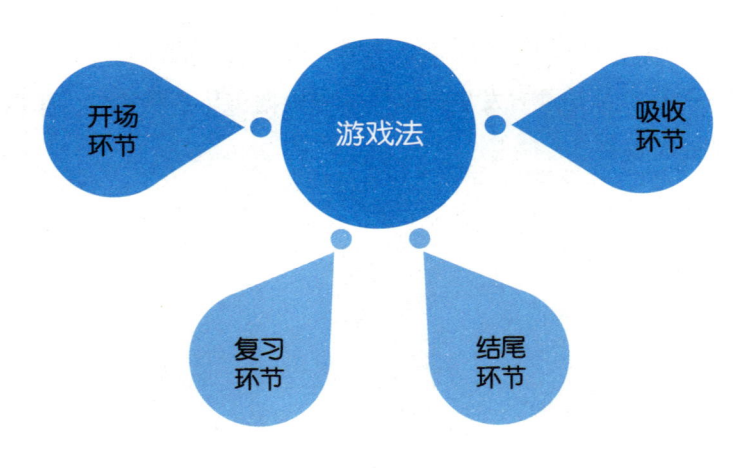

图 4-7　适合游戏法的四个环节

（1）开场环节。运用游戏法开场不失为一种很好的方法，开场游戏一般具有简单、有趣、链接性强的特点。首先，开场时间有限，这就要求游戏一定要简单易于操作，不能选择太复杂的游戏，否则容易舍本逐末，浪费时间。其次，要有趣，能够有效激活大家的情绪脑，吸引学员的关注。最后，不要为了做游戏而做游戏，游戏要与课程主题内容高度相关，可以链接到课程核心内容上来。达到了这三点就是一个好的开场游戏，比如九宫格游戏、组合游戏、选拔组长游戏等。

（2）复习环节。学员从记忆知识的那一刻开始就在遗忘，一般都是记得快忘得也快，容易遗忘是成年人学习的特点，如果能够运用游戏法及时复习，就会很快唤醒人的回忆。游戏越有趣，复习的效果越好，比如你讲我听、答题游戏、挑错游戏、记分牌游戏等。

（3）结尾环节。从近因效应来讲，结尾环节是学员最容易记住的环节，巧用游戏法会帮助学员加深印象，有余音绕梁的感觉。比如转车轮游戏，按照顺时针的顺序一组出题另外一组答题，对胜出的组进行优先奖励。

（4）吸收环节。游戏法本身也是培训中的一种方法，运用游戏法的目的是让学员有效地吸收课程内容，就像小孩吃饭一样，愉快地把饭吃下去才能够很好地消化吸收。现在的培训现状是很多讲师只注重输入，不考虑学员能不能吸收。寓教于乐，促进转化，正是好游戏的魅力所在，比如金句积攒游戏、场景模拟游戏等。

以上盘点了讲授法、小组讨论法、角色扮演法、视频法、示范法、案例分析法、游戏法在培训中的运用，培训方法存在的目的就是让学员更好地消化内容，好的内容加上好的方法会让你的课程更出彩，好的方法有时甚至比内容本身更重要。

# 第五章 让你的表达更清晰可见

我在最近几年操作过N个"师课共建内训师培养项目",通常第一阶段进行组织经验萃取,找到可以传承的素材和案例库;第二阶段进行课程开发与设计,站在学员的视角,结合成年人学习的规律将内容加工整合成可以传授的课件;第三阶段进行现场演绎与呈现,要将开发的课件通过现场演绎与表达的方式赋能给小白学员,这个环节要求生动有趣,要吸引人。如何表达才能清晰可见,就属于第三阶段的内容。我曾经培训过很多期金牌讲师班,这些学员都是企业老板,我要求他们完成一个作业:在自己的办公室门上贴上"敲门之前,请准备好三套方案"的大字条。这个作业旨在训练员工自我管理的能力,本质上还是内心思维表达的问题。

## 第1节　你的表达属于哪一类？

我们在日常工作和生活中，只要涉及人与人对话的地方，总会面临表达的问题。一个人在讲，另一个人在听，经常是讲的人也不知道自己表达清楚了没有，听的人也不知道听的是啥，双方根本不在一个频道上。总体归纳起来，有三种类型可供参考：

（1）不明觉厉型。这种类型的人讲东西总是滔滔不绝，话筒交到他手里，讲个三天三夜只是开场，听众听得却是云里雾里，大多数学员处于走神状态，没有一句能听明白，但是感觉讲师很厉害。这种讲师还是处于自嗨状态，把讲台当成舞台。

（2）有货后悔型。此种类型的人明明在工作中做出了大量的成绩，但是一上台就哑火，不知道从何说起，七七八八说了一堆，说完了又后悔自己没说清楚，本来的高光时刻被自己演绎得一塌糊涂，错过了很多的表现机会。在大多数公司大会上，能让你上台表达的时刻都是你人生中的重要时刻，心中有货不会说就是"表达"这个软实力没有修炼好。

（3）三言两语型。谚语云："会道者，一线藕丝牵大象；盲修者，千钧铁棒打苍蝇。"其中"一线藕丝牵大象"讲的就是三言两语型。这种类型的人把握了表达的精髓，三言两语就能把事情说得清清楚楚，明明白白。少就是多，这种讲师能运用简单的语言阐释复杂的道理，让听众一下就能领会其精神实质，从内心感到心悦诚服。

以上这三种表达类型的人,你想成为哪一种呢?我猜大多数人会将第三类人视为目标去努力。逻辑清晰、言简意赅的表达,既是一种能力,也是一种个人魅力,你想知道什么是魅力表达吗?

## 第2节　如何才能做到魅力表达？

　　学习任何一种技术，最快的方式不是自我摸索，而是找到这个领域内的巨人，然后去模仿他。别人在这个领域已经研究出来的东西，你就不要再闭门造车去探索了，在别人允许的情况下，拿来主义才是真正的实用主义。

　　谈到表达这个事情，不得不提到一个领域内的巨人，她就是麦肯锡的咨询顾问芭芭拉·明托。她是麦肯锡的第一位女咨询顾问，她在其著作《金字塔原理》中阐述了思考、表达和解决问题的逻辑，可以说后续的学者都或多或少借鉴了她的思想，只要提到表达都会看到她的影子。

　　为什么金字塔原理会有效？我认为最重要的原因是它满足了大脑的需求，大脑喜欢简单、有逻辑的东西。首先说简单，简单指的是个数问题，人的大脑一次性记忆的信息是有限的，书中指出一次记忆不超过七个思想、概念或者项目。当大脑发现需要处理的项目多于四个时，就会在多个信息之间梳理逻辑，然后自行分类到不同逻辑中，便于提取和记忆。然后说逻辑，大脑处理信息的一种重要方式就是分类，分类就是大脑的一种逻辑。将太多的零散信息交给听众，会让听众一头雾水，摸不着头脑。表达者和倾听者的大脑其实是一样的，当没有处理过的、杂乱无章的信息呈现在倾听者面前时，他的大脑就会在海量的信息中寻找关联，构建意义，努力尝试对这些信息进行归类整理，试图运用某种逻辑架构来处理这些信息。少部分人能够处理这些信息,大部分人将会被海量的信息所淹没,这样就达不到传递信息的目的,是一种失败的表达。

如何做到有效表达?《金字塔原理》中给出了一剂良方:结论先行、以上统下、归类分组、逻辑递进。这四个关键词道出了表达的精髓,结论在前原因在后,框架在前细节在后,论点在前论据在后,结果在前过程在后。先表达主要观点,让听众对你的观点产生疑问,下一阶段再用论点和论据来回答受众的疑问。

如何用金字塔结构来表达呢?我觉得可以分为自上而下、自下而上、上下结合三种方法(如图5-1所示)。

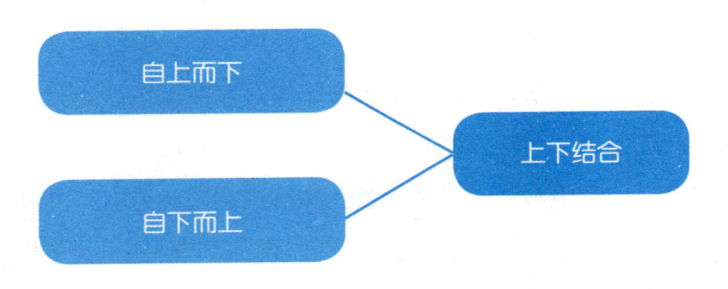

图 5-1 有效表达的三分法

第一种方式,自上而下法。

先确定核心思想,再思考听众会有哪些疑问,然后通过背景介绍、冲突、疑问、回答的路径,与听众进行问答对话。这个操作的关键点是满足以上统下的关系,下面一层的内容要是对上一层的回答,两者要能对应起来。

比如模拟一段对话。

讲师:"为什么要来参加我们的课程?"

学员:"因为我对你们的课程感兴趣,我一直都是个爱学习的人。"

讲师:"为什么对我们的课程感兴趣?"

学员:"因为你们的课程会给我带来全新的体验,这种体验不仅是全面的,更是有深度的。"

讲师:"你为什么更喜欢体验式课程?"

学员:"体验式的课程可以滋养人的身心,大脑不能解决的问题,身体可以告诉你答案。人生就是一场体验,来去匆匆,我期待自己有不同的体验,活出更多版本的人生。稻盛和夫先生说过,'人生不是一场物质的盛宴,而是一次灵魂的修炼'。多多体验,多多修炼,才能活得更精彩!"

第二种方式,自下而上法。

理解了自上而下法,那么自下而上法不言自明。当我们还没有想清楚结论是什么时,就要进行反推:先列出想要表达的所有核心要点,然后尝试梳理要点之间的逻辑关系,最后抽象提炼要表达的观点结论。

如果你在表达的时候掌握了以上法则,魅力表达离你就不远了。魅力表达总能做到以下两点:从横向来看,同级之间可以灵活切换,处在一个频道上;从纵向来看,可以收放自如,游刃有余。

第三种方式,上下结合,互凑。

自上而下和自下而上同时进行,最后凑到一起,上下统一即可。

## 第3节 结论先行，提炼结论的路上有哪些坑？

经验越丰富的人，说话越精辟，总结越到位，经常一针见血，胜过千言万语。我们在读文章或者看书的时候，经常会忽略大篇幅的文字而直击结论，这些结论又被称为金句。一般这样的金句会出现在首尾位置，结论的精辟与否直接决定了对话的品质。以下列举名人金句一二。

孔子：学而不思则罔，思而不学则殆。
王阳明：知是行的主意，行是知的功夫；知是行之始，行是知之成。
鲁迅：其实地上本没有路，走的人多了，也便成了路。
钱钟书：围在城里的人想逃出来，城外的人想冲进去，对婚姻也罢，职业也罢，人生的愿望大都如此。
苏格拉底：最有效的教育方法不是告诉人们答案，而是向他们提问。
康德：自律即是自由。
爱因斯坦：生活就像骑自行车，为了保持平衡，你必须不断向前。
德鲁克：即使最强大的企业，如果不面向未来采取行动，也会陷入困境。
……

为什么这些名人总结的结论如此精辟？我们轻易看到的一句结论，

很可能是这个人毕生的总结，这个总结来自阅历，来自积淀，来自思考，来自潜意识。

结合多年来的培训经验，我得出提炼结论的路上有以下几个"坑"：

（1）结论使用含糊的语句。比如"我做这些事的目的是减肥"这样的语句，你再对比一下"我每天坚持做这两件事是为了在今年12月30日之前将体重减轻20斤"这样的语句，显然后者更加清晰明确。结论含糊不清，自己也糊涂，听众也糊涂。

（2）结论概括不准确。我们从这个结论出发去探索下面的内容时，发现下面的内容之间根本没有任何逻辑关系，属于勉强凑在一起的内容，这些内容在一起也无法支撑结论。提问题要比回答问题难许多，尽量保持观点与论据之间的辩证统一关系。比如结论是"组织执行力提升的两大法宝"，但在向下探究这两大法宝时，发现这两大法宝与组织执行力之间根本没有逻辑关系，最后的结论应该是"组织执行力提升的关键是要进行制度设计"。

（3）结论不指明结果。如果你的结论亮出来以后还让别人去猜测你的用意的话，证明这个结论是不合格的。好的结论要指向行动、指向结果，比如"下个月1号我们公司的产品价格应该在原基础上涨5%"，这样的结论会让听众知道我们讲话的目的，避免产生误会。

## 第4节　能把事情说清楚的结构

把复杂留给自己，把简单呈现给别人。当面对海量的信息时，我们第一步就要将信息进行归类分组，第二步就是构建起逻辑关系，第三步就是提出结论主题，最后一步就是学会生动讲解，这是金字塔表达的逻辑。金字塔结构比较适合整体内容的梳理与结构化，当然大金字塔结构里面还可以嵌套小金字塔结构。有整体必然有局部，局部内容由于属性不同也可以采取其他的结构去表达（如图5-2所示）。

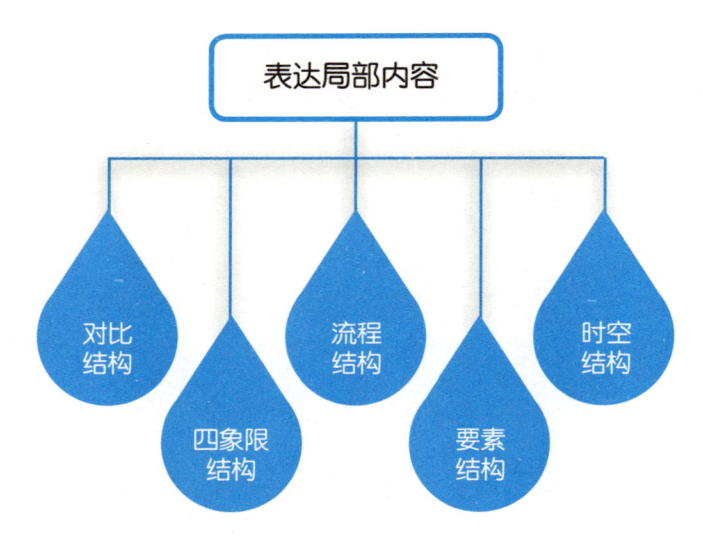

图5-2　局部内容表达的五种结构

（1）对比结构。将A和B两个事物通过比较的方式进行阐述，可以很快地把每个事物的优、缺点凸显出来，同时也可以达到非常好的表达效果。比如喝减肥茶之前和喝减肥茶之后，参加讲师班之前和参加讲师班之后，公司改革之前和公司改革之后，男人结婚之前和男人结婚之后。著名培训专家曾仕强先生讲解东西方文化差异的时候就运用了对比结构：以员工下班为例，美国企业下班时间到了，基本都是拎包就走；日韩企业下班时间到了，基本没人下班，一直加班到晚上10点都是常态；中国企业下班时间到了，员工处于纠结状态，下班也不是，不下班也不是，关键要看老板走没走。通过对比结构就可以将三种文化表达得绘声绘色。

（2）四象限结构，也叫矩阵结构。该结构运用横轴和纵轴把内容划分为四个象限，对每个象限分别进行阐释，视觉上会有很强的冲击力，更容易令人信服。比如著名的波士顿矩阵，它按照销售增长率和相对市场占有率把产品分为四个象限，分别是现金牛产品、瘦狗产品、疑问产品和明星产品，通过这样的四象限结构可以把产品特性表达得全面、系统、深刻。再比如时间管理矩阵，按照事情的重要和紧急程度把所有事情放到四个象限：重要又紧急、重要不紧急、紧急不重要、不紧急也不重要。高效的时间管理者总会把大部分时间放在重要不紧急的事情上，你的时间放在哪里，你的成就就在哪里。我在培训课堂上讲解的四种人才应对策略也是采用了矩阵结构，按照能力和意愿可以把所有人装进四个象限：有能力有意愿的是"人财"，可以直接给公司创造效益，要想办法留住；有能力没意愿的是人才，要学会激励他，把他变成"人财"；没能力有意愿的是"人材"，要重点培养，培训费用要花在这部分人身上，把他也变成"人财"；没能力没意愿的是"人裁"，要把他及时裁掉，形成动态淘汰机制。

(3)流程结构。如果你在表达的时候无法用流程来阐释你的内容,那就说明你根本没有表达清楚。学习的时候,只学知识是没用的,要学会用知识解决问题,在问题解决了之后我们还要反思,下次这个问题再出现怎么办?于是,解决问题的流程就出现了。企业中出现的这样那样的问题,都可以追溯到流程上来,要么没有流程,应该新建流程进行规范;要么有流程,员工没有按照流程来;要么流程本身有漏洞,用它指导员工做事肯定有问题。经典的流程结构,都是闭环结构,比如PDCA,即P(plan)计划、D(do)执行、C(check)检查、A(act)处理。每做一件事情先做计划,计划完了以后去实施,实施过程中进行检查,检查出结果以后,再把检查的结果进行改善处理,然后把暂时没有改善的问题放到下一个循环里面去。通常对总结检查的结果这样进行处理:成功的经验要流程化标准化然后去推广轮训;失败的教训加以总结,没有解决的问题放到下一个PDCA循环里。可以说,PDCA就是流程中的流程,在表达内容的时候,运用流程结构可以把一些说不明白的事情说明白。

(4)要素结构。把内容按照核心要素分为几个模块,然后再把这些模块组合起来,这样的表达简单明了,易于掌握,例如高效能人士的七个习惯、学习型组织的五项修炼。我们在向标杆企业学习的时候,要分析它成功背后的核心要素是什么,一旦找到核心要素,我们就可以评估在这个核心要素上我们的现状如何,要想达到标杆企业的水平,分别在哪个要素上去努力。库泽斯和波斯纳两位领导力大师合著的《领导力》一书中就列出了我们修炼领导力的五个要素:以身作则、共启愿景、挑战现状、使众人行、激励人心。明确了这五大要素,我们修炼领导力就找到了方向。合理运用要素结构,可以把复杂的问题逐个击破,从而取得全面胜利。

（5）时空结构。运用时间和空间的思维结构来表达内容就是时空结构，一般情况下，公司的发展历史、个人的职业规划、个人简历介绍等都可以采用时间结构展开表达，例如运用过去、现在、未来的结构讲解企业的发展历史。人生中很多事情可能都不公平，唯有时间，每个人每天都是24小时，不会多一秒也不会少一秒。工作和生活中，我们之所以会产生烦恼，就是因为没有把事情放在更长的时间维度去思考，如果从生命的终点来看，现在遇到的事都不是事。按照空间顺序把表达的几个模块展开也是常用的方法，比如讲解公司战略布局，分为华北、华南、华中、华东等；汽车4S店销售顾问现场介绍汽车，采取由外而内或者由内而外的顺序。时空结构是永远绕不开的一种结构，当你不知道如何表达的时候，它往往会给你惊喜。

以上列举了对比结构、四象限结构、流程结构、要素结构、时空结构五种表达局部内容的结构，可以说结构化内容就是结构化思维，表达确实需要工具，但是更需要的是思维。

## 第5节 完整的表达需要考虑哪些因素？

在大家学习的时候，很多人都愿意听所谓的干货，作为听者我们都信奉内容为王，而现实是越想学干货的人就越学不到干货，有些东西只能身教无法言传。

心理学理论指出，真正有效的表达=55%的肢体语言+38%的声音声调+7%的内容，可见除了内容之外，肢体语言和语音语调占了大部分比例，这些非干货内容反而对表达起到了决定性作用。在现实生活中，你会因为什么相信一个人，是他说话的内容？还是他的语音语调？抑或是他的肢体动作？实际上在表达中，比内容更重要的是我们的情绪和状态，嘴巴上说的往往要和肢体语言匹配才能让人更加信服。

课堂上完整的表达需要考虑以下三个因素。

（1）肢体语言。这里的肢体语言特指手势、表情、步法和形体。在肢体语言中，手势最重要，手势有表达数据的手势，有与学员互动的手势，还有营造场景的手势，手势越丰富，语言就越生动。培训的对象是人，人是一种视觉化动物，优雅的手势本身就是一种视觉元素，可以激活学员大脑中原来储存的场景，让这种场景再现，从而产生移情，达到情感认同的目的。另外，表情、步法和形体也会体现讲师的专业度，你永远不知道你的学员会从你那里学到什么。肢体会带动表情，肢体动作一加，表情不由自主就会出来，没有人愿意向木讷的讲师去学习，身体僵滞的人思想也是僵滞的。

（2）语音语调。同样一句话，语音语调不同，效果大相径庭。比如你温柔地说"你过来"，和你严肃地呵斥一句"你过来"，对比一下对方的感受。如果一个讲师在课堂上自始至终都是一个语音语调，不出半个小时学员的情绪就会给你描绘出一条直线。讲师要根据课堂内容和节奏，不时变化语音语调，要高低起伏，抑扬顿挫，该热情似火时就要慷慨激昂，该柔情似水时就要娓娓道来。

（3）干货内容。我们呈现给别人的内容都是高度抽象、结构化的知识，如果对方没有相关经验嫁接的话，很难理解这样抽象的东西。内容可以由观点和案例组成，我们表达抽象内容的时候，可以尝试匹配案例，让感性提前理性滞后，让学员从案例中品味要讲的道理。可以说，案例就是过去的场景再现，内容就是案例的理论抽离。没有理论走不远，没有案例空洞无趣。

## 第6节 出色表达可以套用公式

我们认为自己说清楚了，但是对方还要你做出一些解释，这说明什么问题呢？这说明我们根本没说清楚。前文提到的金字塔原理可以帮助我们把内容说清楚，但是有没有更简化的公式可以拿来直接套用呢？PREP就是其中一个最佳实践的结晶，P代表观点，R代表原因，E代表例子，P代表重申观点（如图5-3所示）。

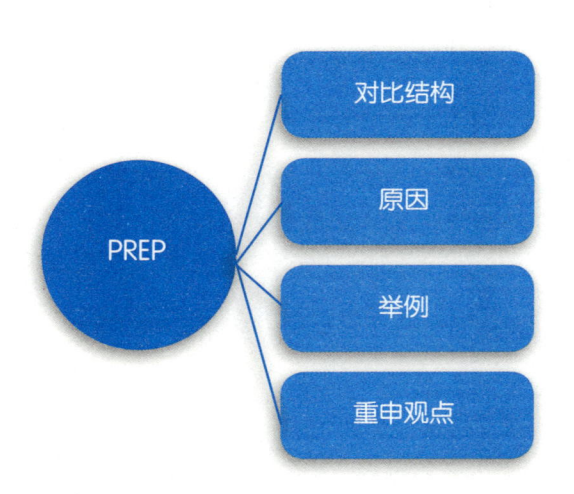

图5-3 PREP的四要点

下面举个例子来说明PREP的运用。

P亮出观点：这家度假酒店真不错！

R列出原因：不论是住宿、餐饮、环境、装修，还是超值的服务都是非常给力的。

E举个例子：比如这家酒店的服务员特别注意细节，在我生日那天，他们居然给我邮寄了生日礼物，我当时在家里，并没有住在他们酒店，这种对客户的关注和体贴，让人好感动。

P重申观点：如果大家出来度假的话，我推荐大家来这家酒店哦！

PREP给大家展示的就是一种简单有效的表达逻辑。

首先，你要抛出自己的观点，比如：我们夏天可以到呼伦贝尔大草原去旅游。

接下来，你要阐释这个观点背后的原因：因为夏天的大草原不但风景秀丽，而且特别凉爽，更关键的是有鲜美的羊肉可以品尝。

然后，你要举一些具体的例子进行具象化，这个时候也可以列出数据，比如：去年7月我去呼伦贝尔大草原就感受到了草原风情，开着越野车深入草原腹地，与牛羊群近距离接触，看到了雨后美丽的彩虹，这种感觉简直美爆了。

最后，你要回到起点，重申一下你的结论：如果你夏天有时间的话，建议你到呼伦贝尔大草原走一走，体验一下什么叫辽阔与粗犷。

在与别人沟通或进行信息表达的时候，有意识地运用PREP去表达，你就很容易说服别人。其实PREP、PDCA，包括5S这样的工具都是极其简练的，但正所谓知易行难，往往越是简单的东西越不容易做到。学习任何知识，只图新鲜感的人是大多数，能够刻意练习坚持下去的人是少数，潜心研究登峰造极的更是凤毛麟角。很多课程，我们刚听到的时候感觉茅塞顿开，但是回到现实，套用到自己的行为习惯中时，发现很多东西不受用，只有转化为自己理解的那一部分才是我们自己的。任何工具和方法运用好了就是动力，运用不好就是阻力。

学习可以有意识地去学，然后无意识地去用。有意识的只是冰山一角，无意识的练习蕴藏着更加巨大的能量，我们的行为往往都是无意识在驱动着。坚持长期主义，去刻意练习并运用学到的知识，直到它成为冰山藏在水面之下的部分那一刻，才是属于你的知识。

## 第7节　运用维度来进行破题

阿基米德曾说："给我一个支点，我能撬起整个地球。"要想撬起地球，找到支点是关键。在培训表达中，如果你能找到这样一个支点，你同样可以撬动听众的脑袋，这个支点就叫"维度"。同样是非常有经验的人，为什么有些人锁定一个主题，就能和你聊个三天三夜，有些人和你聊个两三句就没话说了？答案是"有维"与"无维"的区别。这个"维度"就像一条牵引线一样，把表达者脑海中的思想源源不断地牵引出来。

讲师在课堂上列举了几个关键词，"白说、公牛、失控、疯传"，让学员们猜猜这几个词之间有什么关系？有人说讲师要讲一个故事，有人说这几个词之间没有关系，有人说这几个词语都是两个字的，等等。在讲师给每个词语都加上书名号的那一刻，大家恍然大悟，原来这些都是书籍的名称。讲师运用"书籍"这样一个维度把看似毫不相关的四个词语整合在了一起，"维度"就像一条连接线，把珍珠似的内容串成了美丽的项链。

从哲学角度看，人们观察、思考与表述某事的"思维角度"，简称"维度"。例如，人们观察与思考"水杯"这个事物，可以从水杯的形状、大小、容积三个思维角度去描述，也可以从水杯的价格、质量、颜值三个思维角度去描述。

我在课堂上进行过一个让学员即兴三分钟演讲的环节，在这个环节中我发现多数学员哑口无言，高度紧张，大脑仿佛没有接通电源，脑海中一片空白。这就是思维受限，不会用维度展开讲解。我生活在山东省，2018年数据显示山东省各地级市GDP排名的前五名依次为青岛、济南、烟台、潍坊、淄博。如果按照城市面积排名，从大到小依次为临沂、潍坊、烟台、菏泽、青岛。如果按照城市的人口数量排名，顺序也会发生变化；如果按照城市的堵车程度排名，顺序还会发生变化。这里的GDP、面积、人口数量、堵车程度等就是我特指的维度，有了维度，很多学员就可以打开话匣子。

选一个清晰的维度去表达你的内容，这个维度可以是步骤、流程、观点、案例、场景、工具、方法、故事等。一旦找到了这个维度，很多素材就可以为你所用。有维度就可以整合素材，没有维度就会被素材整合。

# 第六章 完整地设计一堂课

俗话说"麻雀虽小，五脏俱全"，不论是大课、中课、小课，还是微课，要想完整地设计一堂课，需要考虑很多相关要素。站在培训管理者的角度，一堂好课，必须从培训前、培训中和培训后全流程进行把控，才能达到应有的培训效果；站在讲师的角度，也必须从授课前、授课中、授课后进行详细规划，才能赢得学员的好评。以下主要从讲师的角度来论述一堂课的设计。

## 第1节　设计一堂课的准备工作

作为一个培训讲师，设计一堂完整的课需要从以下三方面做好相关准备。

第一，授课前。

首先，讲师要与客户进行需求确认，可以采取面对面沟通、电话会议或者网络会议的形式进行，通常由人力资源部邀约参训学员负责人共同确认本次培训的需求。其次，讲师要根据需求准备培训大纲，培训大纲里面要明确培训目的、培训对象、培训时间、培训形式、培训目录等，培训大纲编写好后要提交客户方确认。最后，讲师要根据客户确认的大纲制作学员版课件和讲师版课件，并将课前需要准备的物料和学员版课件统一发送给组织方，组织方发布学员上课通知，做好需要做的准备工作。

授课前的准备工作类似于医生给患者诊断，关键点在于对需求的精准把握，并不是客户要什么讲师就提供什么，有时客户并不知道自身的真实需求，就像患者并不知道自己的病因一样，切忌自己给自己开药方。讲师要引导客户找到真实的需求，保证我们是做正确的事情，然后再把事情做正确。

卡耐基说过："一个不注意小事情的人，永远不会成就大事业。"授课前做足准备，讲师将更有信心服务好学员。除了确认需求、准备大纲、编写课件，讲师授课前还要注意以下细节，如图6-1所示。

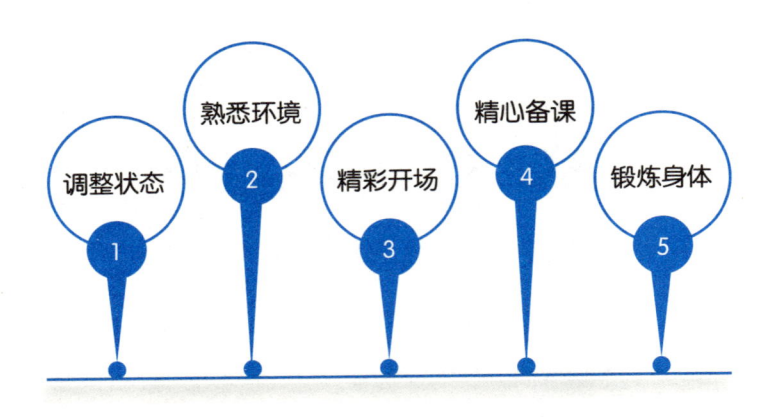

```
     熟悉环境              精心备课
调整状态    精彩开场    锻炼身体
   1      2      3      4      5
```

图6-1　授课前做准备的五个细节

（1）调整状态。状态不对，一切白费。讲师的状态会影响学员，超自信的状态自然会有超水平的发挥，自卑不自信的心理会让讲师的功力大打折扣。授课前，讲师可以在脑海中回忆以前课程成功的精彩画面，暗示自己此次培训同样会取得圆满成功。

（2）熟悉环境。建议讲师提前到培训场地熟悉环境，包括服装搭配、设备调试、登台试讲等。讲师要掌握住全场，尽量穿着正装，做到为人师表，女士讲师以套裙为主，男士讲师以西服为主，注重细节的讲师还会考虑到服装与现场环境、企业文化的融合与搭配。培训设备对培训效果起到辅助作用，讲师要提前对电脑、投影仪、白板笔、激光笔、话筒等做好调试，保证设备教具可以正常使用。讲师有机会就要登台试讲，假想面前坐着要听课的学员，尝试把整个培训流程走一遍，找找在讲台上的感觉，把自己调整到最佳培训状态。

（3）精彩开场。俗话说"好的开始是成功的一半"，大多数的失败都是因为一开始就不行。课程开场可以从塑造良好的氛围开始，优先激活情绪脑，比如讲师可以用幽默的故事或者有趣的游戏与学员达成共识，从而点题开场。

（4）精心备课。"台上一分钟，台下十年功"，台上的精彩呈现来自台下的精心备课，培训讲师要对培训课件烂熟于心，做到讲课的时候大部分注意力在学员身上，关注学员对于内容的转化与吸收。如果培训讲师对课件内容不熟悉，就没有更多精力关注学员，容易造成照本宣科的局面，就像一个汽车驾驶员，如果对车内操作按钮不熟悉就没有更多精力去关注车外的情况，出现事故的概率就会增大。

（5）锻炼身体。授课是一种脑力活，更是一种体力活。从授课的天数来看，职业讲师要远远大于企业内训师。长时间的培训对于讲师来说，不但是知识更新的考验，而且是体力的考验。讲师要有强健的体魄，不能晕机，不能晕车，不能晕船，不能挑食，到哪里都要能睡着觉，要能承受住各种学员的挑战。如果讲师平常没有时间锻炼身体，不妨就把课堂当成健身房，在课堂上可以有意识地加大肢体动作，课程结束也就完成了锻炼。

第二，授课中。

授课中讲师的具体做法可以用写文章的招法"起承转合"四个字来概括。

第一个是"启"，也就是开场。很多不成熟的讲师一开始用大量的时间来介绍自己，往往收到了相反的效果。实践证明，讲师的自我介绍长度与授课效果成反比。放下面子，采用亲和、有趣的自我介绍更容易让学员接受。所谓"行家一出手，就知有没有"，成功的开场可以奠定整个培训的基调。

第二个是"承"，做完开场后，讲师就要让学员明晰课程的整体架构，知道各个模块之间的逻辑关系，以及各个模块要达到的培训目标，相当于告知学员本次培训的目的地以及到达的路径。

第三个是"转"，这个环节是培训的主要环节，涉及讲解、提问、聆听、解答、点评的核心技术，比如讲师讲解时要注意理性与感性的结合，要学会给内容配置问题清单，聆听学员想法背后的意图，帮助学员解答疑问，给出真切的点评意见。讲师与学员之间，你一来我一往地相互"折腾"，促进内容的吸收与转化。

第四个是"合"，总结回顾，明确重点是这个阶段要做的事情。这个阶段不是简单重复前面讲过的内容，而是应该再次浓缩提炼，把重点内容简单化、意义化。讲师要号召学员把培训内容运用到实际工作中去，感谢并期待学员参加下次的培训。

第三，授课后。

结束才是真正的开始，课堂再逼真也比不上实际工作场景。讲师课堂上讲的道理无论多么正确，学员下课后也不一定能将其应用于实际的工作场景。授课结束后，讲师要布置课后作业，课后作业要和实际工作场景相匹配，并落实具体提交时间与方式。作业提交后，讲师要及时做出反馈，给出改进建议，帮助学员迭代出更新的版本，完成从知到行的闭环。

## 第2节　完整系统的课程开场设计

任何一次培训，最困难的部分就是开场。经验不足的讲师很容易在开场部分出现"事故"，以下盘点了初级讲师容易出现的问题，希望初级讲师们可以少走弯路。

（1）自我炫耀。有的讲师课程一开始就大讲特讲自己的背景、资历以及所取得的主要成绩，自我介绍占据了课堂的大部分时间，引起学员的反感。对于外训或者新员工培训，恰当的自我介绍会增加学员对讲师的信任，但是一定要拿捏好尺度。人人为师的时代已经到来，学员也是讲师，讲师也是学员，讲师和学员之间的界限越来越模糊，讲师应该本着谦虚真诚的态度，期望通过培训达到教学相长、师生共修的效果。

（2）过度表现。所有开场"翻车"的背后都是没把学员放在心上。讲师越过度表现自己越会显示自己的无能，讲师占据的时间多了，给学员的时间就少了。学员应该是课堂的主人，讲师的作用是以课堂这种环境促其改变，过度表现自己是一种不成熟的表现，应该像稻田里面的水稻一样，越成熟的水稻越会低头。有形的东西之所以能被人使用，是因为看不见的无形的东西在起作用。简单有限的"有"，会展示丰富无限的"无"，抛掉一些无谓的头衔，用数字说话更具说服力，比如讲师可以在开场环节展示自己的授课天数、开课场次、受训学员人数等。

（3）过度谦虚。过度表现会造成"翻车"，过度谦虚会降低学员对讲师的信赖，例如"大家好，我是今天的讲师张三，我头一次登台，讲得不好的地方希望大家批评指正"。墨菲定律指出，如果做一件事情有N种方法，其中有一种方法会让人吃大亏的话，那么一定会有人这么做。如果过度担心自己讲不好，那么这个讲不好的地方就会出现。保持自信，你的能量会超乎你想象。

（4）准备不足。开场的准备不足表现在对培训内容和场地设备的不熟悉。当一个讲师准备不足时，他会表现出紧张焦虑的情绪，眼睛始终关注在课件内容上，根本无暇关注学员，课件内容讲得再全面，顶多算是对学员完成了输入。讲师不熟悉场地设备，可能会误操作或者导致培训延迟，使讲师看起来像个业余选手，让学员对讲师丧失信心。建议讲师提前到会场调试设备，如果条件合适，可以携带自己熟悉的设备进场，比如笔记本电脑、小音箱、投影高清接口等。充足的准备，能让讲师灵活应对突发事件，关键时刻讲师一定要有第二手方案。

（5）情绪不定。做一个情绪稳定的讲师，不要把课外的不良情绪带到课堂上。生活或者工作中我们会遇到各种不顺心的事情，有些时候事情本身并不影响我们，影响我们的是对事情的看法。弗兰克尔说："生命中的痛苦，一旦找到了意义，痛苦将不再是痛苦。"记得曾经有位讲师，上课的前一天和妻子产生矛盾，争吵了一番，第二天上课这位讲师把对妻子的不良情绪带到了课堂，导致一天的课程全是负能量。把控行为容易，处理情绪却是一生的修炼。讲师来到课堂要有敬畏之心，我们传播的不仅仅是知识，更是一种为人处世之道，永远要用正能量去滋养你的学员。

明确了课程开场容易出现的问题，我结合多年授课经验，认为一个完整的课程开场可以分为五个步骤（如图6-2所示）。

01 问好 ▶ 02 介绍 ▶ 03 导入 ▶ 04 展示 ▶ 05 共识

图 6-2　课程开场的五个步骤

第一，问好。开场前，我们要向全体学员问好，问好一定要有气势，可以加上培训班特色的语言，比如我在内训师培训班上，我说"好"，学员们说"好，很好，非常好，三尺讲台传承千秋伟业，一只话筒响彻万里江山"。说前三个"好"时，学员是坐着的，说最后两句话时要求站起来加肢体动作进行表达，学员都有一种代入的感觉，也借此告知自己在上课，其他事情可以放一放了。

第二，介绍。问好之后，如果是外训或者新员工培训，讲师就有必要介绍一下自己了，如何让自我介绍既能接地气又显得高大上呢？罗伯特·迪尔茨提出的逻辑层次模型可以达到这个目的，示例如下：

大家好，我是张小夏，出生在一个炎热的夏天，所以大家可以叫我小夏。我出生在青岛，生活在北京（环境），平常喜欢看书、弹吉他、爬山（行为）。我擅长演讲，喜欢与人交际（能力）。我是一名企业内部讲师（身份）。我热爱培训，喜欢与人分享，相信通过分享可以彼此赋能（价值观）。我的目标是成为一个职业讲师，希望通过自己的培训能够影响一些人，让每个人遇到更好的自己，传播更多的正能量，为社会和国家做出自己的贡献（表达精神追求，体现自我价值）！

以上示例就是运用逻辑层次模型进行的自我介绍，逻辑层次模型是一种划分思考层次的模型，从下往上依次是环境层、行为层、能力层、价值观层、身份层、愿景层。案例中的自我介绍从环境层面开始，一直上升到愿景层，表达了自己的精神追求与向往，让人感觉既接地气又高大上。用逻辑层次模型做自我介绍是该模型最基础的运用，它的价值主要是帮助人们思考和解决问题。爱因斯坦说："无法在制造问题的思维层面上解决问题。"一般来讲，层次越低的问题，越容易解决。一个低层次的问题，在更高的层次里容易找到解决方法。反过来说，一个高层次的问题，采用一个较低层次的解决方法，就难以奏效。逻辑层次模型各个层次的解释如图6-3所示。

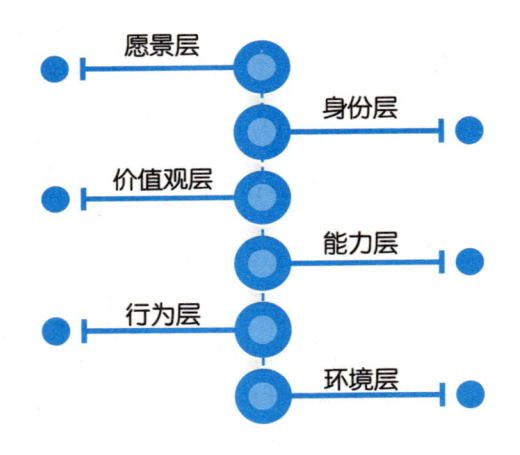

图 6-3 逻辑思考的六个层次

愿景层：精神/愿景/系统，自己与世界中的各种人、事、物的关系（人生的意义）。

身份层：自己以什么身份去实现人生的意义（我是谁，我有怎样的人生）。

价值观层：配合这个身份，应该有什么样的信念和价值观（应该怎么样，什么很重要）。

能力层：我可以有哪些不同的选择？我已掌握、尚需掌握哪些能力？（如何做，会不会做）。

行为层：在环境中我们做事的过程（做什么，有没有做）。

环境层：外界的条件和障碍（时间、地点、人、事、物）。

如何做自我介绍呢？如果你遇到了问题，不妨借助这个模型思考一下，你会得到意外的收获。

第三，导入。讲师介绍完自己后，就要进入导入环节。课程导入的主要目的是点题，任何导入形式都要为链接课程内容而服务，导入的方法主要有以下六类，如图6-4所示。

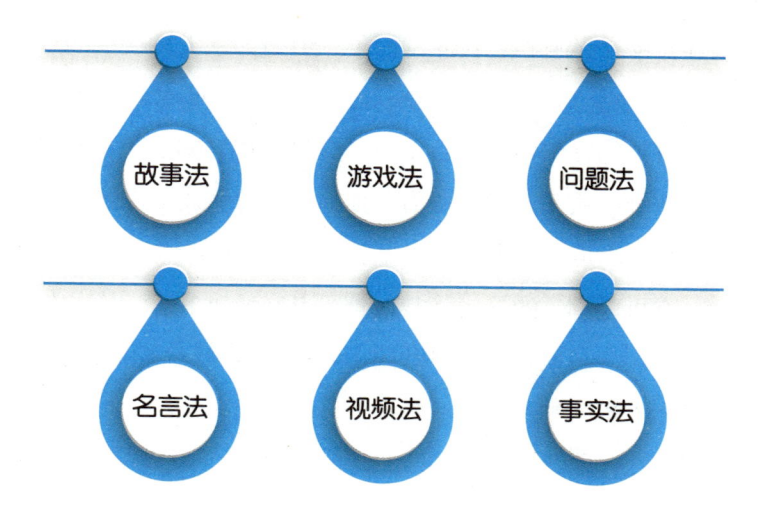

图6-4　开场导入的六种方法

（1）故事法。

以故事作为开场，可以吸引学员的注意力，提高参与课堂的积极性。人天生喜欢听故事，而谢绝听道理。讲故事自古以来就是传递思想和价值观最有效的方式之一，会讲道理的人永远干不过会讲故事的人。

讲故事的方法和框架有很多，作家约瑟夫·坎贝尔在《千面英雄》一书中，从心理学的角度分析了神话中英雄的诞生及成长过程：召唤、历险、冲破阈限、回归。生活中我们每个人都在编写剧本，我们每个人都可以成为自己的英雄，这个世界是由每个人的故事组成的。每个人来到这个世界都应该有自己的梦想，这个梦想就是"召唤"。当我们为了实现自己的梦想而努力奋斗时，我们就已经走在了成为英雄的路上，在实现梦想的路上肯定有各种艰难险阻需要我们去面对和克服，这就是活生生的"历险"。我们通过坚持和不断努力寻找到一条适合自己的突破之路，并最终从困境中走出来，这就是"冲破阈限和回归"。其实所有故事的编写基本都遵循"召唤、历险、冲破阈限、回归"的规律。就拿成为讲师这件事来说吧，看似非常简单，但是如果没有成功的方法，没有足够时间的刻意练习和导师的辅导反馈，是很难成为一名优秀讲师的。在成为讲师的过程中，你会受到这样或者那样的干扰，会遇到现场学员的挑战，会有认知迭代的压力。如何突破这些压力和挑战，就看你成为讲师的欲望程度了。只要你能坚持，能融入一个学习组织，遇到合适的导师，有可以训练的平台，其他都可以交给时间了。比如加入金牌讲师班，大家在一起就是一个讲师团，我们可以一同"冲破阈限"，最终收获可喜的成果。

（2）游戏法。

游戏法可以让学员快速参与进来，寓教于乐，带领学员玩与主题高度相关的游戏是很多培训讲师常采用的一种课程导入方法。比如我在内训师培养的课堂上，课程导入时采用排列文字的游戏，方法如下：

道具：12张A4纸，一支黑色白板笔。

方法：内容是"参与多深，领悟就有多深。"首先每张A4纸上只写一个字，标点符号也算一个字；然后把写好的每张A4纸揉成纸团并打乱顺序，而且越乱越好；接下来挑选12位学员上台排序，每个学员拿一个纸团，12位学员一起把手中的纸团排列成一句话；待排好顺序后，台下的所有学员起立朗读台上的一句话，并让大家挑选出这句话中最重要的两个字。

目的：用参与讲"参与"，说明好的课程一开始就会让学员参与进来。

（3）问题法。

用一个或者两个高质量的问题引出课程内容。好的问题会引导学员思考，牵引学员的思维方向。哲学家苏格拉底就是问问题的大师，他的教学方式不是灌输，而是提出一连串的问题引发学生思考，最后让学生自己得出结论。通过发问，让学员的大脑进入学习的过程，目的是让学员思考，而不是给学员答案。苏格拉底把自己的这种方法称为精神"助产术"，就好比助产婆只能帮助孕妇生孩子，而不能代替她生孩子。

课程一开始先抛出一个有挑战的场景，然后从场景中提出一个或者两个有质量的问题，问题的答案就是本次课程的核心纲要。

（4）名言法。

引入恰当的名人名言来切入主题，可以激发学员的兴趣。例如在讲解用人艺术方面的课题时引用《荀子·大略》的言论，就很有说服力。《荀子·大略》云："口能言之，身能行之，国宝也。口不能言，身能行之，国器也。口能言之，身不能行，国用也。口言善，身行恶，国妖也。"意思是说，嘴里能讲出来，又能身体力行，这是国家的珍宝；嘴不能讲，但有实际行动，这是国家的重器；嘴上讲得好，而行动上做不到，还能为国家所用；嘴上说得漂亮，而行动上则为非作歹，这种人就是国家的妖孽。引用前人的名言可以增加学员对课程的信赖感，但是也要有所注意：尽量不要引用反面人物的言论；引用的名人名言要与主题相关；最好引用大家有共同认知的名人名言。

（5）视频法。

运用视觉和听觉的双重效果来吸引学员，从而引入正题。例如我在讲授五步教学法时，就曾引用电视剧《射雕英雄传》中周伯通传授郭靖左右互搏术的视频片段，这个视频片段恰好暗合了教学的五大步骤，播放完视频之后，我就引导出问题：周伯通用了什么教学方法？接下来可以顺利引入正题。为了更好地运用视频法做开场，需要注意以下三点：

一是视频时间不宜过长，保持在2~5分钟为最好；

二是视频内容要和主题很好地契合，视频为课程内容服务；

三是尽量采用高清视频，提前做好播放软件及硬件的调试。

（6）事实法。

开场的事实法类似于六顶思考帽中的白帽，指运用事实和数据信息开场。事实法有利于屏蔽掉主观的评价，直接输出事实数据来说明问题。例如讲解销售技巧的课程，可以运用对比数据的方式开场："大家好，据我调查所知，贵公司销售高手的×××产品年销售额在1000万元以上，普通销售小白的同样产品的年销售额只能做到200万元左右，大家想知道销售高手是如何做到的吗？接下来我们就一一揭开销售高手背后的招法。"

运用事实法做开场，也要注意一些细节，否则会事倍功半。

一是所列事实和数据一定要准确，需经过调查和确认，明确其出处及来源。

二是所列事实和数据可以通过对比来体现差距，激发学员弥补差距的动力。

三是所列事实和数据最好是学员身边的案例，通过学习可以赶上。

以上列举了故事法、游戏法、问题法、名言法、视频法、事实法共六种开场导入的方法，万变不离其宗，方法的运用是为了引出课程内容。方法就像药引子，而内容就像药，如何让药在药引子的作用下发挥最大的药效，是我们运用开场导入方法时始终要思考和把握的指导原则。

第四，展示。

我们完成导入之后，就要简单明了地告知学员本次即将学习的内容。课程播报的方式可以参照新闻节目的播报方式进行。举例如下：大家好，我今天分享的主题是×××，我将分成以下几个模块进行讲解，第一模块是×××，第二模块是×××，第三模块是×××……

如何在极短的时间内把复杂的问题说清楚？麦肯锡提出了电梯原则。在信息爆炸的今天，我们要同时对大量的信息进行处理和判断，最有效的方法就是非常快速地说出要说的主体和价值，就像在坐电梯这么短的时间内就要把培训方案、谈判方案、汇报方案等复杂的问题说清楚。该原则指出要把表达的内容进行高度浓缩，抓住重点中的重点，然后表达出来。对于很多极短时间内不能说明的问题，可以运用电梯原则激发思考，为下一步对话做准备。我们可以运用电梯原则，用简单明了的语言把要培训的要点展示给学员，让学员做到心中有数。

第五，共识。

课程开场的最后环节就是达成共识。人与人在初次见面时，很难敞开心扉，培训讲师应该用亲和的态度努力缩小与学员的心理距离，提高互动参与的积极性。

心理学家约瑟夫·勒夫特和哈林顿·英格拉姆提出的约哈里之窗理论可以有效帮助我们认识自我及认识别人。这个理论分为四个象限：

（1）开放之窗：自己知道，他人也知道。

（2）盲点之窗：自己不知道，他人却知道。

（3）隐蔽之窗：自己知道，他人不知道。

（4）未知之窗：自己不知道，他人也不知道。

每个人的这四个象限的开放程度是不一样的。开放之窗就是公开的自我，对自己很了解的真实自我，别人也很了解，比如自己的工作、姓名、性别及性格特点等；盲点之窗就是盲目的自我，有点"当局者迷，旁观者清"的感觉，别人看得很清楚，自己却不知道，每个人都有盲点，都有认知的缺陷；隐蔽之窗指的是秘密的自我，通常指自己的隐私部分，不愿告知别人的部分，比如冲动时干过的错事、撒过的谎言等；未知之窗就是未知的自我，指的是自己和别人都不知道的部分，比如自己的潜力，人的潜能是无限的，要唤醒潜能，迎接无限可能。

一堂培训课，学员参与有多深，领悟就有多深，如果大家的交流都浮于表面，那么这次培训必定效果平平。学员的心理之窗的开放程度决定了研讨的质量，培训讲师应该学会尊重学员，让学员放松下来，敞开心扉，方有心得。

## 第3节 耐人寻味的课程主体设计

我曾辅导过数千名企业内训师开发课件,在辅导过程中发现很多人在主体内容设计方面存在以下问题:

(1)课程主体内容文字太多,无用的文字堆砌严重,大篇幅的文字容易造成学员视觉疲劳,加大认知负荷;

(2)内容之间逻辑混乱,哪些该讲哪些不该讲,没有清晰的逻辑指引,东一头西一头,没有侧重点;

(3)基本都是理性内容罗列,缺少案例、故事、视频、图片、活动等感性元素,表现形式太过单一;

(4)整体内容零散,不成体系不成模型,很难让人记住,学员左耳朵进,右耳朵出;

(5)教学过程不完整,有头没尾或者有尾没头,没有一个完整的体验,无法实现闭环。

到底如何进行课程主体内容的设计呢?遇到问题不要闭门造车,向高手取经是最明智的选择,站在巨人的肩膀上才会走得更远。以下列举我在培训时的学员案例供大家参考。

银行学员案例一:

各位学员大家好,我是本次培训的讲师朱迪,今天我给大家分享的主题是：X光下的企业贷款资金——信贷客户经理如何追踪企业贷款资金流向。

接下来我们先看两个案例。

案例1：某支行于2013年12月11日累计向某贷款企业发放3000万元国内保理，于当日受托支付给某公司，贷款七天内客户经理没有进一步追踪资金最终用途。2014年4月贷款逾期，经查询贷款被挪用，企业负责人跑路，造成了我行的资金损失。

案例2：某支行于2014年10月8日向某贷款企业发放1200万元流动资金贷款，于当日受托支付给某公司，贷后七天内客户经理对资金的使用进行了进一步跟踪，发现资金最终被转至某房地产公司，客户经理立即上报行领导，行领导根据企业的情况立即采取保全措施，最终确保了我行信贷资产的安全。

通过以上两个案例的学习，大家觉得贷款资金的进一步追踪重要不重要呢？学完本次课程，大家将能够明确单客户资金流向查询功能在全球信贷系统中的位置，能够准确回答单客户资金流向查询功能的作用，能够现场模拟使用单客户资金流向查询功能（这个追踪需要借助银行内部的一个系统）。

带着这些疑问，我们来学习追踪企业贷款资金流向的"四字真经"："选、设、追、导"。

第一步是"选"，就是选定客户。在×××系统中输入机构编码、机构名称、客户编码、客户名称即可选定客户。这里需要注意的是编码和名称一定要输入准确。

第二步是"设"，就是要设置条件。条件包括：（1）实时下载主机账户，对于境内客户，只下载非黑名单账户类型的账户；（2）手工录入，多个账户以"；"隔开，账户最多选择或录入10个；（3）在参数中维护的用途和对方户名可以展示在前台查询条件页面供选择，同时支持手工输入；（4）点击查询，系统根据输入的起始日期和终止日期，从主机返回最多500条交易记录，然后再根据输入的其他查询条件，筛选出满足要求的交易明细记录展示到前台页面，若为多币种，则统一转换为人民币金额汇总。

第三步是"追"，意思是追踪查询。追踪查询的细节包括：（1）在查询结果下可通过对方户名、交易代码、摘要等过滤条件进行进一步筛选，根据过滤条件展示资金交易明细记录；（2）如需返回上层查询结果，清除筛选条件重新点击查询即可；（3）系统提供针对交易对手账户进行再跟踪的功能；（4）目前不同客户类型调用的应用接口不同，因此境内法人只能追踪境内法人账户，境内个人只能追踪境内个人账户，境外客户只能追踪境外账户，例如若本方账号为法人账号，而对方账号为个人账号，则无法继续跟踪。

以下为追踪结果的说明：（1）若选择的追踪查询记录为"借方"，则追踪查询域中默认查询时间段为自查询跟踪记录交易日之后一个月内对方账户交易明细；时间段可以修改，但不能超过三个月；（2）若选择的追踪查询记录为"贷方"，则追踪查询域中默认查询时间段为自查询跟踪记录交易日之前一个月内对方账户交易明细；时间段可以修改，但不能超过三个月；（3）交易对手账户再跟踪功能，支持最多五层的追踪查询；（4）每一层级的追踪查询结果在该追踪查询条件域下面展示。

第四步是"导"，就是导出结果。系统支持将资金流查询结果导出为EXCEL进行分析应用。

以上内容就是追踪企业贷款资金流向的"四字真经"，大家记住了吗？为了检验学习成果，大家请回答以下三个问题（学员开始答题，讲师最后亮出答案）：

（1）进一步追踪贷款资金流向的菜单功能是什么？

（2）单客户资金流向跟踪功能在什么系统里面的什么模块？

（3）单客户资金流向跟踪功能最多能支持几级查询？

希望大家能够掌握"四字真经"——"选、设、追、导"的细节操作，让企业贷款资金流向暴露在X光下，为信贷资金安全保驾护航。谢谢大家！

电力学员案例二：

各位学员大家好，我是本次的主讲人张娜，今天我给大家分享的话题是：情绪过激客户的处理技巧。

我先给大家举个例子：有一年夏天，一位远程费控表客户欠费停电缴清电费后八九个小时没有复电，客户拨打电话咨询，态度激动，工作人员向客户解释是由于系统原因造成的，客户不买账，情绪更加激动，并辱骂工作人员，工作人员直接挂断电话，导致客户投诉。

如果你是这名工作人员，接到客户电话会如何处理？

现实中不当的处理会有四种情况：

（1）冷漠处理，爱答不理：我就当没听到，干脆把电话放到一边，让他骂去吧！

（2）忍气吞声，逆来顺受：没办法，忍着吧，又不能还口骂回去呀！

（3）极力辩解，让其明白：赶紧解释呗，还能怎么着？不然越来越糟。

（4）强硬提醒，让其注意：我要提醒客户使用文明用语！

如果采取以上做法，会降低客户的满意度，甚至带来更严重的投诉，那么如何处理情绪过激客户的投诉呢？接下来我们学习处理客户投诉的六字方针：一处、二听、三平、四换、五行、六谢。

"一处"指的是先处理情绪，后处理事件，不要带着情绪来处理客户的投诉，记住：永远不要和情绪激动的人讲道理，事情只有在情绪平和的状态下才能处理好。如果情绪没有处理好，建议暂停处理事情。

"二听"指的是耐心地倾听客户的抱怨，倾听本身就是一种处理抱怨的技巧，给予客户发泄情绪的空间，我们只需耐心倾听即可。

"三平"指的是想方设法地平息客户的抱怨，当我们接纳了客户的抱怨，其实平息客户的抱怨就已经完成了一半，另外的一半就是从自己身上找原因，是不是我们哪里做得不到位？把客户投诉看成改进服务的大好机会。

"四换"指的是要学会换位思考，要站在客户的立场上来将心比心，从客户角度出发而不是从自我角度出发是解决客户投诉的底层思维。客户是任何一家企业经营的原点，离开这个原点，不论这家企业有多大，倒掉只是时间问题。

"五行"指的是迅速采取行动以解决问题，向客户承诺"我们将想尽办法尽快处理问题"，用行动来走完平息客户抱怨的最后一公里，处理完这个投诉之后就要复盘反思，形成经验方法，避免重复犯错。

"六谢"指的是感谢客户的投诉，客户投诉就是在帮助我们改进服务，客户投诉就是在帮助我们发现我们发现不了的问题，心中有客户的企业永远强大。

我们刚才学习了处理客户投诉的六字方针"一处、二听、三平、四换、五行、六谢"，大家听得都比较认真，不过光说不练假把式，下面我们邀请A同学和B同学分别上台扮演客户和客服，演绎客户投诉处理的全流程（学员上台进行角色扮演，台下的学员观看和点评）。

学习贵在知行合一，希望大家以后在处理客户投诉时能灵活运用六字方针，让我们的服务越来越优质，赢得更多客户的信赖和支持！谢谢大家的参与！

不论是案例一的"四字真经"还是案例二的六字方针，都在一定程度上揭示了主体内容设计的规律，企业培训要坚持内容为王，更要设计来辅助，优秀的内容设计背后都遵循了"精、清、生、模"的规律，如果把内容比作一道菜的话，那么运用"精、清、生、模"的内容就是一道精致的菜。

下面就来探讨如何做出这样一道精致的菜品。

第一，精。这里的精，特指精加工，指的是大段的文字内容一定要经过大脑深思熟虑后提炼成关键字词。能用一句话的就不要用一段话，能用一个词的就不要用一句话，最好极致到一个字，长篇累牍的论述恰恰说明了对内容本身的理解不够透彻。古往今来，经典的著作都是极简概括的典范。老子的《道德经》虽然只有短短五千多字，却道尽了宇宙万物的运作规律，老子用"道"字来解释宇宙万物，将道看成万物的本源。"道生一，一生二，二生三，三生万物"，道先天地而生，至虚至无，却是万物之源。作品的伟大与否不在于字数的多少，甚至不在于为读者解决了多少困惑，而在于它是否能给读者带来无限的思考，是否每个时期都能让读者得到新的体悟。儒家代表作《论语》也就一到两万字，却影响了中国两千多年，儒家的"仁义礼智信，温良恭俭让"成为世人为人处世的道德准则，至今经久不衰。博大精深，源于思考后的高度提炼，经过大脑深度加工后的思想自带温度，提炼提炼再提炼，精简精简再精简，再粗糙的观点也会成"精"。

第二，清。内容好似项链上的珍珠，而把珍珠串起来的那根线就是逻辑，逻辑不清、衔接不紧的培训给人的感觉就是云里雾里。有了内容之后，就要安排内容出场的先后顺序，顺序不一样，往往表达的效果也不一样。太阳底下没有新鲜事，排列组合就是创新。西方哲学家亚里士多德早在很多年前就创建了逻辑学，逻辑学里面有一个经典的三段论，三段论从两个前提推导出一个结论，举个的简单例子：所有的讲师都会讲课，张云是讲师，所以张云也会讲课。有人可能认为这些都是废话，但就是这些废话开启了古希腊的科学大门。三段论实际上是演绎推理的一般模式：大前提阐释已知的一般原理，小前提阐释所研究的特殊情况，结论阐明根据一般原理，对特殊情况作出的判断。亚里士多德认为，科学就是寻找三段论中的那个大前提，也就是第一性原理。案例一中的"第一步、第二步、第三步、第四步"，案例二中的"一处、二听、三平、四换、五行、六谢"都是把内容讲清的逻辑标志。我们把内容讲清楚的逻辑无外乎并列型、流程型、要素型等。

（1）并列型。所讲内容之间都是并列和平级的关系，没有先后顺序，可以任意打乱顺序进行组合。例如财务经理的五项修炼，营销经理成单的"六脉神剑"等。

（2）流程型。内容之间是流程关系，有清晰的先后顺序。流程，是一种客观存在，每件事都会有流程。管理学家迈克尔·哈默提出了流程型组织的概念，他改变组织由内而外的思维，变成真正的由外而内的思维，面对外部，用客户的视角来看待你的组织。不仅是组织，任何事情如果你能用流程表达出来，就能够看得明白，同样也能说得清楚。

（3）要素型。人要想做成一件事，背后往往有很多关键成功要素，把这些关键成功要素提取出来组合在一起就是要素型。比如现场管理中的"人机料法环"：人，指的是制造产品的人员；机，指的是制造产品所用的设备；料，指的是制造产品所使用的原材料；法，指的是制造产品所使用的方法；环，指的是产品在制造过程中所处的环境。如果产品的质量出现问题，就可以尝试从这五个要素去分析，找到原因然后进行改进。另外，一对一的教练工具平衡轮也是把要素型运用到了极致，平衡轮工具操作的关键是找出一件事情背后的成功要素，然后把这些要素装到平衡轮上，让当事人对自己在每个关键成功要素上的当前状况进行主观打分，同时让当事人对各个成功要素设立一个可行的目标。目标和现状之间就形成了差距，这个差距就是当事人要采取的行动。平衡轮工具可以很好地引导当事人把想法转化为具体的行动，是一种要素型逻辑的充分运用。

第三，生。"精"和"清"说到底还是对内容的一种理性要求。世界上最无效的努力，就是对不同频的人掏心掏肺地讲道理。道理说得再通透，都不可能触达内心，再精辟的观点都离不开强有力的论据的支持。讲师亮出观点后，紧接着讲解生动鲜活的例子，让学员更好地理解讲师的观点。一般来讲，把道理、观点讲生动可以通过以下三条途径实现。

（1）讲案例。案例的价值就是将隐性的经验显性化。案例和故事的区别就是故事可以虚构，而案例要保持真实性，案例是指对现实生活中某个事件的真实记录和客观叙述。案例是包含问题或疑难情境在内的真实发生的典型性事件，它有背景、有冲突、有问题、有过程和结果。案例的来源一般有以下几种：专家访谈、文件资料、档案记录、观察发现、公共常识等。编写案例也有基本的模式：首先，选择一个有冲突的场景事件；然后，对事件展开描述；接着，确定事件中的"主人公"；最后检查行动的结果，提出假设"你再次遇到该事件应该怎么办"。讲师运用案例来进行教学，可以变被动为主动，提高学习效率，重视学习的过程，消耗小而成果大。案例教学一般分为以下步骤展开，如图6-5所示。

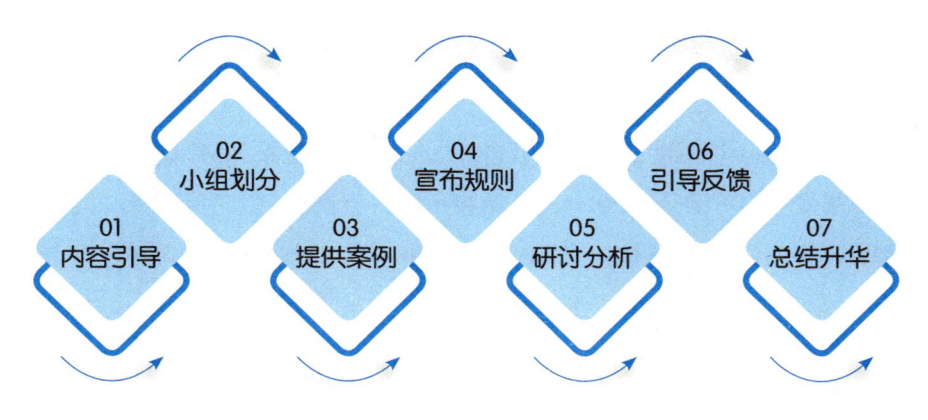

图 6-5　案例教学的七个步骤

第一步，内容引导。所有的案例讲解和探讨最终都是为内容服务，适当抛出要聚焦的核心思想。

第二步，小组划分。团队学习大于个人学习，恰当的小组划分有利于提高学习研讨的效率。

第三步，提供案例。将事先编写好的案例下发给学员，可以是文字版，也可是视频版，甚至是漫画版。

第四步，宣布规则。无规矩不成方圆，没有规则和流程的研讨纯属浪费时间，规则能保证在有限的时间内达成最大的效果。

第五步，研讨分析。案例学习的价值从研讨开始，高质量的研讨需要高质量的问题引导，每个案例背后都要提出几个好问题引发学员卓有成效的思考。

第六步，引导反馈。研讨过程中学员的思维可能发散，得出的结论可能零散不成体系，此时可以引导收敛并给出反馈。没有反馈，学员就不知道好在哪里、差在哪里，很可能会跑偏。可以说，反馈就是教学的生命线。

第七步，总结升华。进一步将研讨的成果做分类、归纳、总结、提炼，最后可以成为模型或者口诀，进行记忆和传播。

（2）讲形势。"道法术器势"是老子《道德经》的思想观点，其中"势"就是一种惯性，一种发展方向，它本身蕴含着无穷无尽的力量。雷军曾说过："在互联网时代，站在风口，猪都会飞。"张瑞敏告诉我们："没有成功的企业，只有时代的企业。"在今天这个知识爆炸的时代，知识、经验都会加速贬值，不变的是知识、经验背后的思维方式，所以讲师一方面要不断更新知识，紧跟形势，另外一方面就要探究知识背后的思维方式，以不变应万变。

（3）讲经历。我曾经在课堂上让一位男士分享：女人在生孩子的时候有什么痛苦？这让很多学员出乎意料。如果一个人从来没有真正做过某一件事，那么他关于这件事分享的东西肯定缺少一些温度和可信度。不管你是谁，太阳一出来，你都要奔跑，奔跑就会有经历。好的经历会让我们幸福，不好的经历会让我们增加智慧，经过反思的经历就是经验，讲师直接给经验就剥夺了学员反思的机会，直接给经历可能学员悟不透。最好的方式就是"画龙点睛"，讲师把经历抛给学员让其反思叫"画龙"，当学员思考到一定程度还是没有悟透时，讲师点破其中道理叫"点睛"。

第四，模。讲案例、讲形势、讲经历可以把内容讲活，给人一种生动的体验和感受，激发人的运用热情，但是要想达到长久记忆，还要把内容进行模型化和框架化。建模能力是一种把实践上升为理论的重要能力，很多优秀的理论都有自己的模型，下面举例说明。

（1）科特变革八步法。

哈佛商学院终身教授约翰·科特在《引领变革》等著作中提出"变革八步法"，成为很多企业实施变革的指导框架，"变革八步法"具体指的是以下八个步骤：

第一步，建立紧迫性，让大家认识到现状，即为什么要变，为什么要马上行动。

第二步，建立指导团队，确定能够领导改变的一个集体，一个有责任、有权力、有技能的联盟。

第三步，设定愿景计划，创建愿景，规划步骤，愿景要易懂、易接受、易获高层支持。

第四步，感召众人，让人参与计划，让人有发言权，为成功多出力，为所有相关员工提供简便、及时、相关的最新信息。

第五步，赋能行动，为创造结果建立通路，让参与人员提升能力。

第六步，创造短期成效，显现变化势态；为短期成效庆贺胜利，认可和奖励参与的员工，将短期成效推广出去；让集体从短期成效中获得成功感；要注意风险因素，把握变化幅度。

第七步，再接再厉，克服障碍，解决问题，鼓励突破性思维，竭力创新，坚忍不拔、不屈不挠地追求成功。

第八步，巩固成果，强化成功价值，使变革制度化，使结果成为以后的做事规范。

任何一家企业总有一天会走到变革的十字路口，那到底怎么变？有没有变革的规律可供参考？怎样才能使员工在感受和行为上发生变化？"变革八步法"的框架模型给出了参考，可见总结出来的框架和模型确实能够指导人们的实践，反过来人们又通过实践来验证和发展这个框架模型。

（2）高效执行四原则框架。

《高效能人士的执行四原则》一书中的高效执行四原则是一个历时15年，经141个国家检验的达成目的的方法论，可以帮助组织、团队、个人排除一切阻力和干扰，达成最重要的战略目标。作者克里斯·麦克切斯尼是高效执行四原则的主要开发者。书中的执行四原则成为很多组织提升执行力的重要法宝。

原则一：聚焦最重要的目标。一个人想要做得越多，最终能完成的却可能越少。

原则二：关注引领性指标。并非所有的行为都是平等的，有些更能帮助你达成目标。

原则三：建立激励性积分表。人们主动为自己进行计分的时候，他们的表现会大不相同。

原则四：建立规律问责制。除非令每一个人都坚持负起责任，否则我们的目标总会在日常琐事中逐渐瓦解。

看似简单的四原则，实则内涵丰富，抓住了执行的要害，提高了执行的效率。要想达到高效执行就要做到以下四点：一要分清工作轻重缓急，将重要目标放在第一位；二要紧抓重要目标的关键指标，让工作事半功倍；三要适时采取计分激励，保持工作活力和效率；四要建立常态会议，时刻聚焦重要目标。优秀的框架模型都是抽离了具体工作场景的方法论，具有普适性的特点。

（3）学习项目设计的6Ds法则。

单纯的培训课程能给企业解决的问题越来越少，未来企业更需要的是学习项目。那么如何设计一个学习项目呢？《将培训转化为商业结果：学习发展项目的6Ds法则》一书中完整系统地回答了这个问题，作者卡尔霍恩·威克和罗伊·波洛克认为设计一个成功的学习项目需要六个步骤（如图6-6所示）。

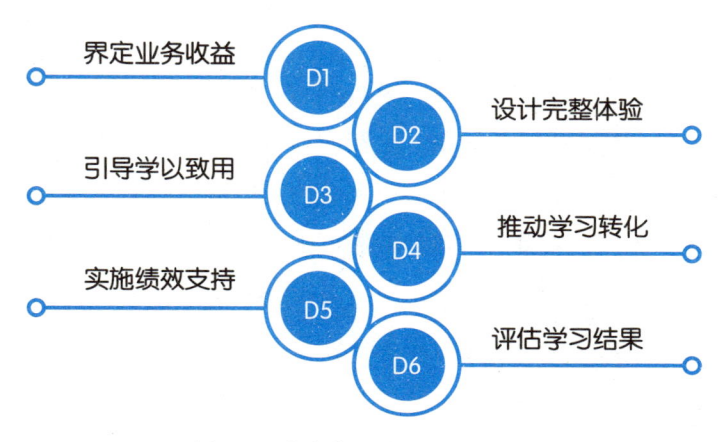

图 6-6 成功学习项目的六个步骤

D1界定业务收益，这告诉我们培训项目、学习项目的设计要立足于业务目标，解决业务痛点。

D2设计完整体验，则明确了学习是个完整的过程，要将"学"和"习"两个层次有效结合，"学"是获取新知识、新技能；"习"是将获取的新知识、新技能进行反复练习。知识如果不能转化为行为，就只能叫信息，转化为行为的知识才是真的知识。

D3引导学以致用，关键在"引导"。如何引导，既包括对"学"的教学活动设计，让学员获取新知，也包括对"习"的运用场景的设计。

D4推动学习转化，关键是"推动"。学习的转化需要氛围，让环境影响带动知识和技能的转化，转化的氛围需要业务部门、培训部门以及高层领导们共同创建。

D5实施绩效支持，绩效的实现需要多种形式来支持，诸如在岗辅导、工作辅助、应用软件等。

D6评估学习结果，是学习项目的结尾环节，也是下一次项目的起点。培训是一种投资，投资必然讲求投资回报率，这个阶段就要评估培训是否达到了预期。

无论培训项目怎么搞，最终的目的都是帮助组织提升业绩。即使培训课程本身精彩绝伦，如果无法帮助学员进行学习转化，促进行为改变，提升组织业绩，那么都不叫一次成功的培训。让学习项目有收益有效果不是一件容易的事情，单纯依靠培训部门很难完成，必须与业务部门合作才可能实现。6Ds法则的理念为学习项目设计提供了一套完整的框架，从以终为始的学习项目目标确认环节、学习项目的过程设计环节，以及学习行为转化和绩效改进的落实环节，到最后的项目评估环节都给出了可操作的指导细则。

以上介绍的科特变革八步法、高效执行四原则、学习项目设计的6Ds法则都是比较成熟的框架模型，这些框架模型都是从实践中反复思考提炼而来。所谓"模型"就是厘清了核心要素，并梳理清楚了核心要素之间的逻辑关系之后，形成的一个完整体系，这个体系在实践中又不断发展丰富其内涵。

## 第4节 余音绕梁的结尾设计

一个完整的课程框架包括开场、主体和结尾，在课程设计中最容易忽略的部分就是结尾，存在的问题表现为没有结尾或者结尾欠佳。结尾是整个课程中大家最容易记住的环节，它的主要作用在于加强记忆、强调重点、升华内容。好的课程结尾通常由以下五个部分组成，如图6-7所示。

回顾复习 → 号召行动 → 你问我答 → 金句升华 → 感性致谢

图 6-7 课程结尾的五个步骤

（1）回顾复习。

在培训即将结束时，由于前面培训了太多内容，有些内容学员可能会模糊和遗忘，这时运用一定的方式进行回顾复习显得特别重要。回顾复习时，讲师要学会引导学员一起参与复习，最好的方式是让学员和学员之间相互回顾，其次是学员和讲师一起回顾，切忌讲师自己在那里唱独角戏。回顾时可以这样组织语言："我们今天一共讲了几个模块呢？第一模块是……第二模块是……第三模块是……大家认为哪一个模块是最重要的？对于最重要的这个模块，希望大家引起重视，在工作中去刻意练习它。一项技能只有成为习惯后才是你自己的，没有一夜成名，都是百炼成钢，让我们拭目以待吧！"最差的就是录音机式回顾，也就是讲师自己再把内容重复一遍，这种方式仅限在时间紧张的情况下使用。下面介绍三种学员与学员相互回顾的方式。

方式一：击鼓传花回顾法。所有学员围成一个大圈，进行击鼓传花，主持人控制好节奏，尽量做到每个学员都能接到花。接到花的那个学员上前一步与大家分享课程的一个重要知识点，或谈谈自己的收获和感受，前面学员分享过的内容后面学员尽量不要再重复。此回顾法有多种版本，可以根据情况进行灵活迭代，力求做到有趣生动。

方式二：分子运动式回顾法。所有学员站到一个空白区域，学员站位随机打乱，讲师喊"分子运动"，大家就像物理学中的分子一样无规则运动起来，讲师喊"停"的时候，学员必须两两配对，配对的学员必须有肢体接触（可以是脚，可以是手，也可以是头等）。配对的学员在肢体接触的情况下互相分享一个重要知识点，落空的学员待到所有学员互相分享完后，单独登上讲台为所有学员分享。这个活动在时间充足时可以重复三轮。

方式三：串组式回顾法。以组为单位进行重要知识点的总结，然后每组选择代表去其他组做分享，A组可以到B组，B组可以到C组，C组可以到D组，D组可以到A组，总之不要到自己组内就可以，其他组听了分享后可以提建议或者补充。这个方法也有很多版本，例如A组可以到B、C、D组都去分享一遍，实现跨脑关联，智慧共享。

学员与学员之间的回顾方式还有很多种，这里只是抛砖引玉。但是，不论哪种方法，其背后的本质都是不断加强大脑中神经元与神经元之间的连接，通过不断"折腾"和重复，让课堂知识由临时记忆变为长期记忆。

（2）号召行动。

我曾经在耐克的一家代工厂培训，看到一句标语"Just Do It"，不同的语境下会有不同的理解，很多人更习惯解释为立即去干。在课程结束之后，我们也希望学员立即去运用课堂所学。你去用所以你有用，你不去用所以你没用，知识和工具就在那里，看你怎么去用了。天下武功，唯快不破，天下学问，唯用不错。令人奇怪的是，课堂上学员认可讲师讲的方法，也积极参与了课堂互动，为什么到课下后很少去运用课堂上学到的东西呢？本质原因是课下没有运用的场景，一方面，课程设计出了问题，课程在一开始设计时就没有充分调研学员的工作场景，没有将讲授的知识与实际工作场景融合；另一方面，公司没有给员工提供相应的环境和机制来支持，导致动力不足。结束就是新的开始，讲师要引导学员制定行动计划，可以给出行动计划表模板（如表6-1所示）。

表 6-1　行动计划表模板

| 对我有用的三个要点 | 列出课程中对自己有用的三个要点 | |
|---|---|---|
| 我计划用的两个要点 | 从三个要点中筛选出计划用的两个要点 | |
| 我马上要用的一个要点 | 计划 | 对这一个要点做出具体量化 |
| | 实施 | 什么时间去做？如何做？有哪些注意事项？ |
| | 检查 | 谁来检查？谁来实施惩罚或者奖励？ |
| | 总结 | 复盘反思，总结改进，收获新知 |
| 学员签字：<br>检查人签字： | | |

（3）你问我答。

带领学员回顾课程内容，制定行动计划之后，大多数讲师会留下时间为学员答疑解惑。这个环节很有必要，但是搞不好容易浪费时间。建议在课程一开始时就说明规则，学员在上课过程中发现有疑惑的地方，先写在便签纸上，课程结束时讲师抽取部分疑问进行解答。时间永远是有限的，问题是源源不断的，有限的时间只能回答有限的问题，让"一部分人先掌握培训内容"也是一种上策。让学员带着疑惑参加下次课程，初级选手善于把道理说透，真正的高手都善于留白。

（4）金句升华。

金句是课程的浓缩，金句是课程的升华。我们在一些成功的企业参观时，总能看到一些金句引起大家的共鸣。例如我曾带领讲师班学员参观海尔集团，墙上贴着张瑞敏的一句话——能阻止你的，没有别人只有你自己——引起了大家的共鸣，纷纷拍照发朋友圈。又比如我在课程结束时经常引用老子的一句话来做结尾："合抱之木，生于毫末；九层之台，起于累土；千里之行，始于足下。"运用这样的金句暗示大家要知行合一。

金句由于短小精悍，寓意深刻，特别有利于人们去传播。把金句放在课程结尾处，既能起到画龙点睛的作用，又有利于学员去转发，放大此次课程的价值。

好的金句会让人醍醐灌顶、振聋发聩、受到鼓舞。金句就像一盏明灯，照亮了你一段时期的路。如果学员能把你的金句作为他的座右铭，说明你的影响力是极大的。

（5）感性致谢。

最后就是表示感谢，记住要用感性而非理性的方式，可以采用颁发奖品、优秀学员表彰、领导致辞、播放视频等方式。这个环节的重点在于塑造学员的感受，让学员感受到课程价值，下次仍然愿意参加此类培训。

以上是课程结尾的一般步骤，但并不是唯一的方法。课程结尾有很多方法，比如让学员在微信群内分享学习要点、互相出题作答、站位复习等。这些方法万变不离其宗，所有结尾方法背后都离不开三大思维。

思维一：内容为王。课程结尾应当把参训学员的注意力集中到重要内容上，看看学员到底学到了什么。培训讲师应该设计活动让学员去讨论课程内容，反思自己的认知有没有刷新，对自己未来的行动有何指导，并要求学员总结提炼本次课程重点，在全班或者组内进行展示，制定培训后的行动计划。培训讲师也要从学员的反馈总结中，看到学员的学习成果，哪些地方值得表扬，哪些地方还有待改进，从而更好地帮助纠偏进步。这里面就会涉及教学相长，讲师看到了学员的学习结果，这个结果反过来可以作为讲师迭代课程的依据。

思维二：转化为准。一堂课程的好坏不在于讲师讲得多么精彩，而在于学员的吸收转化率。通常进行的课程评估都处在柯氏四级评估的第一阶段——反应评估，也就是培训结束时学员对培训进行评估，表达对培训内容、培训讲师、培训组织及相关工作的满意度。好一点的可以做到第二阶段——学习评估。学习评估开始转向评估学员，通常通过考试的形式，检测学员的知识掌握、技能提升以及态度转变，考试的具体方式有笔试、操作演示、访谈或者问卷等。再深入一点可以做到第三阶段——行为评估，只有学员行为发生了改变才能带来好的结果，这个阶段评估受训学员是否把所学的内容运用到工作中，是否改变了工作中的行为。行为评估操作起来难度比较大，因为人的行为受很多因素影响，培训只是其中一个因素。这里需要注意的是，在进行行为评估时，由于其难度系数比较大，需要耗费一定成本才能完成评估，所以要对评估成本和评估收益进行比较，有些常规的培训项目并不需要行为评估。最后一个阶段，也是判断培训是否有效的最直接标准——结果评估，这是最重要、难度最大的评估阶段。实际上，培训仅仅是实现组织目标的一个手段，组织目标的达成是各种手段合力的结果。建议企业做培训评估时，将反应评估和学习评估作为基本要求，有条件的企业可以向行为评估和结果评估靠拢。

思维三：情感共鸣。有人通过培训改变了认知，在行为上也可以做到，为什么没有产生好的结果呢？答案是情感不认同。王阳明讲知行合一，人们要真正达到知行合一还是离不开情感，要想产生好的结果一定要知行情三者合一才可。有教育专家称："如果你成功激发了学员的学习动机，那么教学已经完成了四分之三。"这四分之三指的就是情感共鸣，剩下的四分之一就是知行的问题。课程结尾的环节正是塑造情感共鸣的绝佳机会，我们希望学员离开课堂就能够主动尝试运用所学，这其中除了学员知道不知道、会不会，还有学员愿意不愿意的问题，可以设计盛大的庆祝活动，庆祝学习的成果、庆祝学习的时光、祝贺优胜小组、为优秀学员颁奖、为冠军团队授旗、合影留念，让课堂所学在学员大脑中停留更久，让学员体验到学习的快乐和价值，让学员很希望参加下一次培训。

# 第七章 保持与现场学员的交互

无互动不培训。一个讲师在课堂上讲得声嘶力竭,却往往越卖力效果越差,讲师应该有意识地降低自己的表现欲,把机会留给学员去"折腾"、去互动,培训效果才会慢慢显现。培训1.0是我讲你听、我教你学;培训2.0是讲师引导、师生互动;培训3.0是学员中心、创新生动。把学员看成中心,互动自然产生。

## 第1节　课程互动的积极作用

学生是坐着的讲师，讲师是站着的学生。好课堂都是教学相长的课堂，《礼记·学记》中说："是故学然后知不足，教然后知困。知不足，然后能自反也；知困，然后能自强也。故曰教学相长也。"教学相长意为教和学两方面互相影响和促进，都得到提高。活到老学到老，向学员学习，教学相长，这是我最真实的感悟。不光讲师可以从学员那里学到自己原本不了解的知识，学员也可以从其他学员那里学到很多，他们也能借此明白坐在教室里面并不意味着只能跟讲师学习。"三人行必有我师"，怀着学习的心态，所有人皆是讲师。以下列举三个场景。

场景一：新一期的讲师班开课了，开课前我要求学员自己准备一个辩题，从正反两方面说出不同观点，于是我在课堂上听到了以前从来没有听过的话题，比如"如果世界上有超人，世界会变得更好还是更坏？""如果世界上只有一个男人了，女人们该高兴还是该悲伤？""遗忘一定是坏事吗？""上班是苟且还是诗与远方？""做企业，是实业先行还是资本先行？"。学员们脑洞大开，思维的火花互相碰撞，我也听得津津有味。考虑到接下来的课程，我有好几次想终止辩论，进入正式课程的学习，但是看着大家激烈辩论的场面，我终究没有狠下心来。苏格拉底说："教育不是灌输，而是点燃火焰。"我索性又让他们辩论了大约一刻钟，通过辩论大家打开了话匣子，进入了互动的状态，为高效学习做了铺垫。

场景二：在一次有效沟通的课堂上，讲师带着学员玩起了"撕纸"游戏，规则如下：

（1）给每位学员发一张纸，让学员闭上眼睛，全过程不许问任何问题，按照指令去做；

（2）发出指令：把纸对折，再对折，再对折，把右上角撕下来，转180度，把左上角也撕下来，指令完毕；

（3）大家睁开眼睛，把纸打开，就会发现各种答案；

（4）再给每位学员发一张纸，重复上面的动作，唯一不同的是这次学员可以提出一些自己的疑问，等完成所有指令再次打开，虽然还是有不一致的答案，但是比上次少了许多。

做完这个游戏后，大家一致认同：平时经常使用单向沟通方式，完全按照自己的理解去做，导致结果差异较大，简单的双向沟通可以有效减少矛盾的产生，以后要重视双向沟通，达到沟通一致的目的。

场景三：在一次视觉化呈现的课堂上，讲师在白板上展示出事先画好的两条等长线段，这两条线段横放在另外两条在远处交汇的类似铁轨的直线上，然后让学员比较这两条线段的长短。有的学员说上面的长，有的学员说下面的长，于是乎，大家开始讨论起来。有经验的人知道这是"蓬佐错觉"，又称"铁轨错觉"，最早由心理学家马里奥·蓬佐提出，他认为人类的大脑会根据物体所处的环境来判断它的大小。在"蓬佐错觉"中，大脑认为根据直线透视原理，那两条在远处交汇的直线其实是两条平行线逐渐向远方延伸，在这种情况下，大脑会认为上面那条线段离我们远一些，而如果远近不同的两个物体在视网膜上呈现出相同大小的像时，距离远的物体在实际中将比距离近的物体大，因此大脑会产生上面的线段比下面的线段更长的错觉。

场景一、场景二、场景三都是讲师设计的一些互动形式，互动的主要价值在于让学员和讲师保持同步的思路，塑造积极参与的课堂氛围。没有互动的课堂上，讲师往往授课方式单一、容易自嗨，课程内容枯燥无味，学员死气沉沉。好的互动形式会起到以下积极作用：

（1）塑造教学相长的讲课状态，学员收获知识，讲师获得反馈，课程得到升级，形成良性循环；

（2）增加重点、难点知识的曝光率，温故知新，促进转化吸收；

（3）创造美好的学习体验，激发学员参与课堂的积极性，课堂不仅走脑更走心；

（4）改变单一讲授模式，多感官多角度刺激学员，活跃课堂气氛。

## 第2节 课程互动的形式

告别独角戏式的授课模式,从与学员的互动开始,合理安排讲师和学员出场的先后顺序,塑造一拉一推的交互模式。以下是我在课堂上常用的一些互动形式(如图7-1所示)。

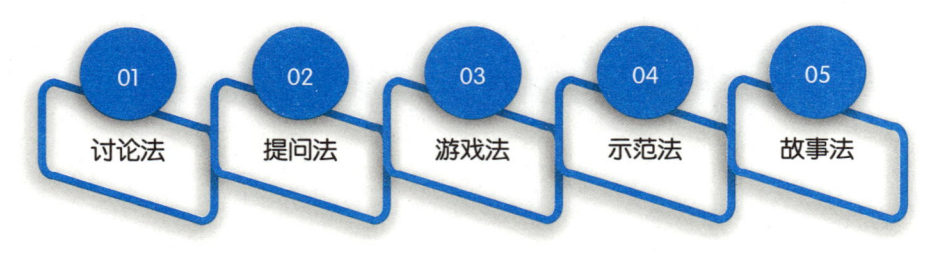

图 7-1　课堂互动的五种形式

第一,讨论法。

讨论法是一种适用于所有课程的互动方法,讲师抛出特定的问题让学员进行思考、探讨、发表见解,从而解决问题,让学员学到新知识或新技能。按照学员参与规模可以把讨论法分为以下几类,如图7-2所示。

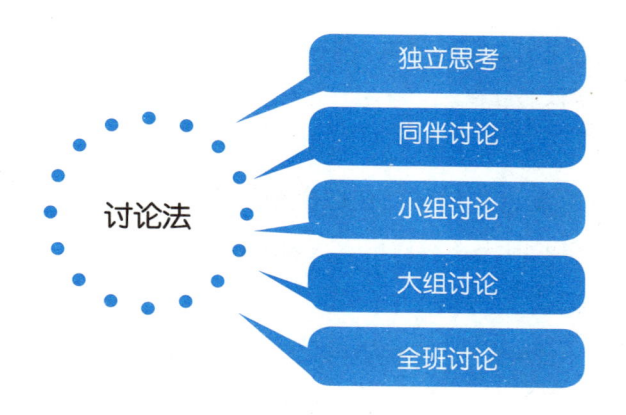

讨论法
- 独立思考
- 同伴讨论
- 小组讨论
- 大组讨论
- 全班讨论

图 7-2　讨论法的五种类别

（1）独立思考。学员就讲师提出的问题独立进行思考，抓取数据，形成结论，进行发言。独立思考是其他讨论的基础，学员没有经过独立思考得出结果，就无法与别人交流。独立思考实际上就是自己与自己互动、自己与自己对话的方式，独立思考能力到底有多重要？《乌合之众》一书中阐释过这样的观点："群众没有真正渴求过真理，面对那些不合口味的证据，他们会充耳不闻……凡是能向他们提供幻觉的，都可以很容易地成为他们的主人；凡是让他们幻灭的，都会成为他们的牺牲品。"简单点解释就是很多人都是懒于独立思考的，当遇到一件不确定的事情时，个体通常会观察群体的反应，看看别人是怎么做的，再决定自己怎么做。这种被群体牵着鼻子走的现象，就是丧失独立思考的表现。举个例子：

某些公司为了在会销现场更多地让客户签单，会在现场安置很多叫"托"的客户，几乎每个桌上都会有"托"。在签单环节，这些"托"积极上去签单刷卡，制造出热烈火爆的场面，让真正的客户丧失理智，吸引"头昏脑涨"的客户上去成交刷卡。整个会场，除了几个真客户，其他都是"托"。君子爱财，取之有道，但是总有那么些"聪明"的人参透了人性的弱点，常常以弱胜强。

通过独立思考，我们可以获取事物的真相。但是为什么很多人不愿意看到真相呢？因为获取真相意味着向权威发起挑战，意味着得罪权威，意味着拒绝从众，意味着拒绝接受主流的观点，选择了一条偏僻小道。但是这并不影响那些探求真相的人，因为他们知道他们最终能依靠的，有且只有自己，所以他们选择依靠自己的独立思考得出结论，去感知未知的问题及风险。我们既要仰望星空，相信世界的美好，又要回归现实，面对世界的阴暗面，只有这样才能真正磨炼成长。

古人云："兼听则明，偏信则暗。"有觉悟的人，看到的事物、看到的世界，是全面的、不偏不倚的。而缺乏独立思考的人看待世界，犹如盲人摸象一般，摸到象腿便认为是柱子，摸到象牙便认为是长矛，这种人仅仅依赖少量信息渠道所形成的自己对世界的观点，是片面的。独立思考要求我们去质疑大多数人的意见，通过质疑来更好地理解我们的现状，这并不是固执、爱出风头，而是这样才能让我们认清"一头大象"的全貌。人的思维模式受长期以来生活方式的影响，处在一定模式之中的人，永远无法意识到自己的误区及思维限制。独立思考，得出结论，充分交流，纠偏认知，才能得到圆满的结果。

（2）同伴讨论。通过独立思考，你可以得到自己的结论，拿着自己的结论与别人的结论进行互换探讨，你就有了两种关于同一问题的认识。两个人的想法通常会优于一个人的想法，两个人想法可能相同，也可能不同，甚至会引起争辩，争辩时一个人在说话，另一个人在倾听。有效的倾听并不是简单的听，而是要抓取话语中的核心内容及背后暗含的意思。我们和同伴谈论，就是在彼此沟通，如果听不懂对方的意思，就无法进行准确的反馈，达不成讨论的目的。因此，一定要学会倾听对方，这就涉及倾听的层次问题。

我在课堂上曾经设计过一个练习：让一位学员演讲20分钟，其他学员去聆听，演讲结束后，以小组为单位，上台汇报听到的结果。学员的演讲内容如下：

各位金牌讲师班的讲师、同学们，大家好，我是今天的主讲人杨小雨，今天我跟大家分享的课题是"你的微习惯"。在咱们第二次课开始的时候，张讲师就问过大家一个问题，"大家对第一次课程的内容还能记住多少"。我当时记得特别清楚，有一位同学说："把所有讲师教的东西都还给讲师了。"看来呀，大家不单在上课的时候会遗忘，在平时的生活中，大家也会出现相同的情况，比如说你有一件非常想做的事情，但是一旦因为一些紧急的情况搁置下来，就很快忘了。很多事情都是像这样半途而废的，我们的工作和生活中的很多时间因此浪费了。

其实啊，这样的例子在我们的工作中并不少见，我们经常在下定决心去做一件事的时候，却发现自己根本没有那么强的执行力和意志力，以至于有很多紧急的事情做完了却把想做的那件事耽搁了。比如接送孩子、紧急的例会、临时出差，都容易影响我们的一个重要项目最终要达成的结果，那么大家认为这是为什么呢？这都归咎于什么呢？其实啊，原因很简单，这都归咎于习惯，那么习惯又是什么呢？有没有讲师能够解释一下？大家讨论一下。

我相信大家对习惯这个词，肯定都有自己不同的理解，那么在这儿呢，我就帮大家总结一下什么叫作习惯。简言之，习惯就是我们遇到一件熟悉的事情时，下意识做出的行为或判断。我们想达成任何一个目标，都要依赖日积月累的行动，依赖持续稳定的努力，而要做出这些持续稳定的努力，最强大的工具就是习惯。咱们今天的课题是微习惯，那什么又是微习惯呢？简单来说就是把目标分解成小的任务，再把完成一项小的任务变成一个小习惯，这就是微习惯。

很多同学可能在心里会问："我还是没听懂，那什么才是习惯呢？"在这儿我给大家举两个例子，比如说我要成为一个作家，那么我就要把这件事情分解成一个个具体的任务，我给自己定下一个目标，每天要写2000字，然后呢，一直坚持下来养成习惯；或者说，我要练出马甲线，那么我每天就需要健身一个小时以上，养成习惯。那么什么又是微习惯呢？微习惯，就是你在培养习惯的过程中，把任务目标大幅度降低的版本。比如说我之前每天要写2000字，那么我就给它压缩，每天只写50字。比如说我之前制定的目标是每天要锻炼一个小时，那么我现在把它缩减成每天只做10个俯卧撑。

接下来呢，我就为大家详细阐述微习惯有什么特殊的地方，我给大家总结出了三个成语。第一个是易如反掌，之所以这么说，就是因为微习惯简单到你无法抗拒，无论什么情况下，你都可以完成。我在开头就说过，我们之前多次制定计划，总是被五花八门的原因打断，比如失去动力、陷入沉思，或者一些杂事打扰了我的正常计划。无论这个原因是可抗力因素还是不可抗力因素，无论我们是主动放弃还是被动放弃，一旦计划中断，我们心里就会深深地怀疑自己——我做不到。这样我们就会很有挫败感，而微习惯呢，小到不会失败，小到不需要激发你的动力，小到不会因为任何特殊的情况而被放弃。之前，我在微博上看过一篇文章，一个男孩儿打球打了三个小时，觉得特别累，大脑和身体都在告诉他今天不能再写作了，甚至啊，他都快睡着了。可是他的目标呢，只要写50个字就行，非常的小，小到他无法抗拒，于是他决定花几分钟写完再去睡觉，结果呢，他的身体被唤醒了。因为微习惯只是非常容易达成的小目标，所以我们不会中断，会持续稳定地重复微习惯。我们重复的目的就是不断地回忆、不断地循环、不断地"折腾"脑中的知识，从而养成微习惯。

第二个是久习成性。微习惯呢，会在潜移默化中改造你的大脑，产生一种强大的行为习惯。有人可能会说，微习惯能取得的进步太少了，就算你持续稳定地重复又有什么意义呢？其实不然，因为我们养成习惯的过程是不断改造大脑从而产生习惯，鲁迅先生说过一句名言，"世上本没有路，走的人多了，也便成了路"。我们养成习惯，就是在大脑中修路，这条路叫作精神通道，每个习惯都有属于自己的路，刚开始没有路，重复多次就形成了路，这样我们就养成了习惯。一旦大脑中的路修好了，大脑的控制权就会被转移，身体从有意识的运动变成了"自动巡航"。这有点儿像我们之前课程中张讲师讲的，从前期摸索，变成了有体系的方法，最后变成自动自发反应。那么我再总结一下第二条的要点，通过重复的行为在脑中修路，修到大脑转移控制权，从而达到自动自发反应的状态。大脑啊，其实是不喜欢改变的，所以我们要和大脑进入对抗状态，但是大脑会记录我们经过的每一个重复的点，而一旦重复的次数多了，大脑在这个点上的反应就会变成自动自发的反应。

那么今天的第三个成语呢，就叫意犹未尽。其实啊，很多人的目标性很强，目标是做10个或者15个，那他就做这些，他也不会去想再多做一些。但其实不然，我之所以把目标设定得这么少，就是为了能把更多的时间交给超额的环节，这样呢，既保证了我们在忙的时候也能够想到这件事，简单快速地完成它，也能够保证我们在闲下来的时候，完成得更加出色。能够更好地去完成我们既定的目标，这就是微习惯的妙不可言之处。微习惯太简单了，简单到我们做完之后还意犹未尽，我们很可能会继续做出额外的努力，比如原来的目标只是写50个字，但是写着写着就写到了400字、500字。

之前我和班上的一位同学讨论过这样的问题，怎么判定一个员工是否优秀？他是这样回答我的，他说："那取决于老板的期待值，如果老板的期待值是销售额为100万元，他只做了30万元，那他就是不及格，但是如果老板的期待值是10万元，他做到了30万元，那他就已经非常棒了。"从这个答案我们也可以看出，微习惯和目标，其实也存在一种巧妙的关系。如果你的目标是每天要写几千字，这是一个你跳起来可以达到的目标，状态好的时候你可以顺利完成，但是状态不好的时候你可能连续几次都达不到，这样你就会对目标失去信心，最终放弃掉。

微习惯的优点就是不会给你设置一个很高的下限，以至于让你碰一下就可以达成自己的目标，但是呢，它也并没有给你设置上限，以保证你在状态好的时候可以超常发挥。其实微习惯还有一个很好的副产品，那就是自主权，可不要小看自主权，根据一项职业调查显示，工作决定权越高的员工对工作的满意度也就越高。所以啊，这是一个普遍的现象，人一旦感觉受到控制，就会消极怠工，即使这个控制的人是自己，也依然会觉得不自由。一种错误的思维就是，总认为过小的目标无法让人进步，所以很多人总是按照上限来设定目标。其实大目标只能吓退你自己，并没有起到什么实质性的作用。

那么很多同学就要问了，我们该如何建立自己的微习惯体系呢？其实很简单，我给大家总结出了四点：一是要符合个性，二是要纳入日程，三是要微量超额，四是要留意习惯。在接下来的时间，我将为大家讲述如何将这四点融会到你自己的生活中。

建立一个微习惯，一定要清楚它代表的完整习惯是什么，不要害怕写出完整习惯的目标，虽然目前它对你来说确实是遥不可及的，但是没关系，你只要做好微缩的版本就OK了。那选什么样的微习惯呢？我的建议是，从你生活中的重要目标里选四点，或者更少，加起来不要超过十分钟，因为同时进行的习惯越少，成功率就会越高。常规学习方式的错误就在于总是设想得理想化。我们不要设想得太轻松了，要想象自己困难的时候，压力大的时候，是否还有余力可以完成这样一个微小的习惯。那么微习惯要微到什么程度呢，如果你有两个方案，请选择难度更小的那个。

第二点是要明确习惯的依据，把它纳入日程。所谓习惯依据，就是让你决定执行微习惯的依据，常见的依据是固定时间，比如说早上八点去做瑜伽。如果长线的依据是固定的时间，但没有安排日程，完成之后，你会陷入一种不知道算不算成功的尴尬处境，所以啊，我建议多设几个行动依据，在不同的时间可以做不同的事，不要把时间固定得特别死。

第三点就是微量地开始，超额地完成。可以超额，但是不能自欺欺人地暗地里把目标设高，有很多人最开始给自己设定的目标非常简单，但是做着做着，就把自己的目标逐渐拉高了。不超额就是为了匀称地分配一天的时间，不把时间固定得特别死，在完不成目标的时候我们也没有内疚感，当完成一个小目标的时候呢，就会觉得自己很成功。所以呀，这样是在修炼自己的内心，也是在完成我们的目标，从而养成习惯。

那最后一点啊，就是要留意习惯养成的标志。养成习惯一般需要21天，但是这并不准确，每个人都有自己的差异性，关注自己的差异性，总结出一套适合自己的行为标准，这样才是正确的方式。那么怎么来判定呢？我告诉大家以下四点，大家可以作为参考。第一是没有抵触情绪，我在做这件事的时候，我觉得很有趣，没有压力。第二就是形成身份认同，改正行为。比如说养成阅读习惯之后，我就成为一个经常看书的人，这就形成了身份认同。第三就是不用担心刚开始时我会漏掉什么，不用担心我会早早放弃。第四就是把我的一个习惯常态化，最初我总是会抱着一种目的去完成微习惯，当真正形成习惯的时候，我就不会去想：我要刻意地完成这件事。说了这么多，我今天的分享就到这里，感谢各位同学的聆听，

**期待下次继续交流。**

从各组上台汇报的结果来看，大多数小组都基本一致，都听到了微习惯的价值及推动要点，极少数小组听到了演讲者背后的情绪，而演讲者背后的感受、意图、价值观等，听到的人少之又少。有觉察力的人会观察演讲者在整个演讲过程中的肢体语言、情绪状态、语言表达等是否相互匹配，会与演讲者进行眼神的交流，放下内心的评判，带着婴儿般的好奇开启智慧之门。聆听是分层次的，不同的层次，其效果注定不同。根据我的经验，聆听可以分为三个层次。

第一层，听自己。这种听是以自我为中心的，装模作样，很敷衍地在听。有的人表面是在听别人讲话，实则内心早已暗下结论，本质上还是在听自己。例如，听到收音机里面播放的内容，你可能会自动把内容与自己的经验相互关联，你可能认可或者不认可，可能相信也可能质疑，总之你会用自己的方式作出回应。我们对诉说者都会有正面或者负面的评判，尤其是对我们熟悉的人，我们会带着对他预先形成的认知去解读他所陈述的一切，包括他是什么样的人，遇到情况他会怎么处理，事情完成后他会怎么记录等。这个层次的聆听，是你当下对世界的认知，是你对周遭环境的解读。不要轻易对任何人下结论，因为你不知道对方经历了什么。

第二层，听表面。表面指只听到了事实，忽略了诉说者的情绪、感受、价值观等。你以为你听明白了，但实际上语言信息传递的内容非常有限。诉说者刚说了三言两语，聆听者就自认为了解了对方，开始说"我明白了"，有的时候对方并不需要你给他建议，只需要你听他把话说完，聆听本身就是最好的建议。很多人愿意说不愿意听，实际上是一种自私的表现，谁又愿意和自私的人在一起呢？聆听是帮助对方打开心扉，你听得越多，了解的也就越多，越容易走进对方心里，对方就越容易接纳你。

第三层，听别人。在面对面的交流中，我们除了要接收对方的语言信息，更要站在对方的角度去接收他的情绪、肢体语言、表情等非语言信息。首先是情绪，透过诉说人的肢体动作、语音语调、表情变化，我们就可以感知到诉说人的情绪变化。对事物的喜好与厌恶都会体现在眼神、语调、语气及细微动作上，辨识他人情绪，是倾听的开始。其次是肢体语言，有经验的人会从细微动作去觉察对方的心理状态，潜伏到对方内心去聆听，听得更深入。最后是微表情，一般指的是脸部表情，微表情经常被用于情绪识别，有的人可以通过捕捉微表情，去读取肢体动作背后的暗示，去分析带有情绪的语音语调。如果你能够做到放下自己，用同理心去聆听诉说者的语言信息，然后有觉察地去感知对方的情绪、肢体语言、语音语调等非语言信息，那你就能走进对方的世界，那就是真正的听别人。

倘若你和同伴讨论时，双方都掌握了聆听的法则，那无疑你们此次的沟通是高效的，反之，就都是处在物理层面的沟通，必定会感觉浪费彼此的时间。同伴讨论是非常容易实现的一种互动形式，不论现场培训有多少人，转身和旁边的同学就是一组，在场地和人数不可控的情况下，两两对话是实现全员互动的法宝。

（3）小组讨论。"无规矩不成方圆"，由两人组成的同伴讨论升级为6~9人的小组讨论，就需要共同的规则和流程来帮助我们高效地达成共识。小组讨论是发挥小组成员集体智慧，通过团队共创的方式，达成共识及解决问题的讨论模式。传统小组讨论的模式一般是讲师抛出讨论题目，各个小组开始讨论，之后每组选出一个代表发言。不过，我觉得小组讨论可以在形式上千变万化，比如可以做出如下改进。

首先，讲师为每个小组准备一个讨论题目，各组题目不同，请每组用八分钟的时间进行讨论。

然后，各组讨论结束后，每组选出两名成员到其他组去分享本组刚才讨论的成果（1.0版本），其他组可以对这个组的成果进行点评和提出改进建议，这个组两名成员中一个分享，另外一个则要记录其他组成员给的建议和意见。

最后，两名成员回到本组，汇报外出演讲结果及其他组给的建议，小组成员在第一轮讨论的基础上进行改进，生成新的版本（2.0版本）。然后本组再外派两名成员去其他组分享（去过的组就不要去了），其他组给出点评和改进建议，回来后再次升级改进自己的版本。这个过程至少要进行三轮，迭代到最满意的版本为止。

小组讨论的精髓在于运用一套行之有效的流程去整合、加工、输出小组成员集体的智慧，关键之处在于如何设计好流程，如何把控好节奏，让小组成员在有效的时间内产生聚合的结果。

（4）大组讨论。大组讨论实际上是小组讨论的升级版，把每组研讨的人数上升为10人以上去研讨，但是研讨人数一上升，势必会造成研讨效率与研讨质量的下降，为此还要做好人数、流程、规则、效率、质量的多方平衡。

由于大组讨论人数比较多，成员们很可能会有意见上的分歧和冲突，实际上没有分歧和冲突的讨论也就失去了讨论的意义。人们往往在不同中会学到更多，有分歧和冲突并不可怕，关键是要学会如何去面对它、管理它。心理学的研究证实：人在潜意识里都会逃避风险。表面和谐的大组讨论实际上都在逃避风险，暗地里矛盾重重的组织注定不长久。拥抱争论，是大组讨论真正的开始，所有成员坦露自己真实的问题需求，希望其他成员能帮助解决、治愈。每个成员也愿意接纳来自各方的不同意见，大家都视争论为智慧的源泉，去碰撞，去探讨，去达成共识。

大组讨论对规则的要求特别高，规则可以保证大家在有不同意见时进行建设性的讨论。比如我在组织大组讨论时，会事先让参与人员熟知以下规则：就事论事，顺序发言；有限时间，有效对话；谢绝跑题，适时收敛；先戴"帽子"，再讲观点；集体共修，切莫攻击；规则至上，习惯使然。

"就事论事，顺序发言"，每次讨论就一个事情展开，不要把不相关的事情混在一起。很多人习惯了发散性思维，无意识地把一些事情混在一起，自己就把自己搞糊涂了。发言要依照顺序，轮流发言，保证能照顾到每位成员，切忌搞成一言堂，使原本充满智慧的讨论成了一个人的独白。

"有限时间，有效对话"，时间永远是有限的，不可能无休止地讨论下去。大组成员都要有时间观念，每个成员要控制发言次数，保证公平合理。在有限的时间内，提高对话的质量。

"谢绝跑题，适时收敛"，对发言跑题的伙伴要及时纠偏，对口若悬河、滔滔不绝而不自知的伙伴要暗示其学会收敛。研讨一开始时要学会发散思维，收获新点子、新方案；研讨快结束时，要学会收敛思维，聚焦总结、提炼、结尾。

"先戴'帽子'，再讲观点"，人本质上都是情感动物，人所接受的信息，除了理性层面的内容，还有感性层面的态度。"六项思考帽"思维工具就是通过戴不同的"帽子"来表示不同的立场，讲观点重要，讲观点的"帽子"比观点本身更重要，成员在发言时，先要把"帽子"戴好，明白自己是站在什么立场上来表达的。

"集体共修，切莫攻击"，大组讨论切忌表面一团和气，背后却相互不信任。出现争论时，敢于把自己的不同意见摆在台面上讲，是信任的开始。在大组研讨时，不允许其他成员对发言的成员进行人身攻击，所讨论的内容要围绕给定的话题展开，更不要在背地里说三道四。

"规则至上，习惯使然"，一个人做事可以完全按照自己的想法来，一群人在一起讨论就要有规则才能做到像一个人那样灵活。没有人能够强行把自己的观点植入别人的脑袋，只有对方愿意接受，你才有成功的可能。规则可以帮助我们实现民主、公平、合理、认可，规则越简单，越容易执行，大家越容易理解。当一个规则坚持时间长了就成了习惯，习惯改变行为，行为改变人生。

（5）全班讨论。由独立思考、同伴讨论、小组讨论、大组讨论，上升到全班讨论，人数越来越多，所用的方法也不一样。世界咖啡就是一种用于全班讨论的经典方法。

《第五项修炼》的作者，组织学习的大师彼得·圣吉曾说："世界咖啡会议是我到目前为止所遇到的，对于集体创新来说最可靠的方式。"现代管理学之父彼得·德鲁克也曾言："世界咖啡会议是个奇妙的旅程，它能够把思考引向变革，把天才的智慧紧密相连。"世界咖啡非常灵活，少至几十人的小会场，大到上千人的会议都可以采用，世界咖啡本质上是一种群体对话的方式。

TED超人气专家西蒙·斯涅克提出过一个黄金圈理论，该理论认为世界上所有成功者或是品牌，都遵循黄金圈理论，黄金圈理论由三个同心圆构成，分别代表Why、How、What。Why指的是理念与初心，How指的是路径和过程，What指的是最终的目标与结果，接下来我们就用黄金圈理论探讨一下世界咖啡的运用。

Why：传统会议乏味冗长，效率低下，偏于形式主义，为了会议而会议，通常领导在上面讲得口干舌燥，员工在下面听得昏昏欲睡，听的人也累，讲的人也累，处在这个场域中的人都苦不堪言。孔子曰："唯上智与下愚不移。"意思是只有最聪明的人和最敦厚的人不被环境影响，坚持自己的信念不改变。难道领导就是聪明的，下属就是愚钝的吗？下属是帮领导工作的人，他们更值得领导去尊重、去感谢。台上的领导自认为聪明，指望运用三寸不烂之舌就可以说服所谓"愚钝"的员工，在今天这个VUCA的时代，显得那么不合时宜。正是这种底层的心智模式导致了会议的无效，在参加会议之前员工已经预知参会就是睡觉。

唯有展开对话，才能智慧共享。人们需要一种通过集体会谈，去激发不同创意的会议形式，这种会议要能够提升组织效率，能解决与会者当下面临的真实问题，能推动组织进行创新和变革。放下执着，合作会谈，展开对话，分享智慧才是未来会议研讨的王道。

How：世界咖啡如何进行操作呢？一般分为以下七个步骤（如图7-3所示）。

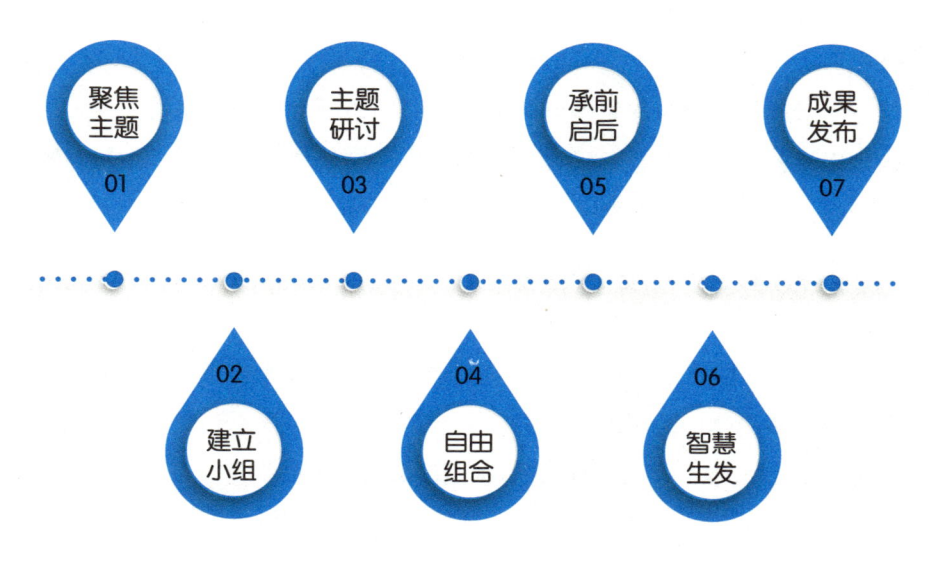

图7-3 世界咖啡的七个步骤

第一步，聚焦主题。聚焦大家都感兴趣的主题，主题的确定至关重要，可以会前事先确定主题，也可以进行团队共创，现场输出主题。这个主题最好落在企业和员工的交集处，大家都关心或关注，自然讨论起来会更投入更积极。

第二步，建立小组。世界咖啡中有主持人、记录员、桌长、计时官、参与者等角色，其中主持人、桌长、参与者各有不同的职责。例如主持人主要工作是明确主题、邀请学员、环境设计、宣导流程。桌长的主要工作是欢迎学员、掌控发言、鼓励思考。参与者的主要工作是打开思维、阐述观点、相互链接、深入反思、提供反馈。每个小组都有一名桌长，每个小组人数在4~9人为最佳，人人都有发言的权利，桌长只可引导，不可控制别人的发言权。小组中各个角色各司其职，才能保证世界咖啡顺畅运行。

第三步，主题研讨。同桌所有成员之间自我介绍用时三分钟，每个主题大约有20分钟研讨时间，根据情况也可以扩展到一个小时以上。研讨期间，每一位参与者都要真诚倾听他人、关心、关注、尊重他人的发言，用开放的心态去接纳不同的观点。在阐述观点时形式可以多样，可以动手、绘画、画思维导图，可以用金字塔结构展示，也可以用鱼骨图进行描述。每个人都要把核心要点记录下来，尤其是本桌的桌长。

第四步，自由组合。研讨时间结束后，除了各桌桌长外，每一桌的其他人换桌，小组成员可以自由地加入其他小组中去，参与相关主题的研讨。这个环节强调时间观念，通常用一个小铃铛来提醒，铃铛一响就要换组，尽量保证换组之后，每组人数相近。例如统一按照逆时针流转一桌，加入新的桌次后，继续进行前面的研讨。

第五步，承前启后。一场世界咖啡会议，至少要进行三个回合的研讨，目的同样也有三个。第一次研讨，引导大家思维发散，提出每桌的核心主张；第二次研讨，在于承前启后，去激发大家进行补充、完善、嫁接，充分贡献每个人的思想与智慧；第三次研讨，重点在于收敛思维，收敛到行动步骤，引导大家做出具体的行动计划。承前启后这个环节很重要，前面承载着创新的想法，后面暗启着行动计划。

第六步，智慧生发。智慧生发这个阶段最主要的工作是询问还有其他点子吗？只有敞开心胸，认真聆听，深入反思，才会有新的东西产出。经过反思之后的结论才是思维的产物，人与人的差距都在脖子以上的部分，而脖子以上部分的差距就是思维的差距。

第七步，成果发布。集体分享研讨成果，系统回顾。成果发布阶段是输出的阶段，这个成果是集体深度思考和头脑风暴的显性呈现。成果的质量与水平也反映了成员用新视角来看世界的效果。

What：世界咖啡是一种非常好的全班讨论的方法，它可以很好地激发成员们的创意。小组在一轮接着一轮的讨论中，对每一个主题的认识更加深入，不仅小组成员能够增加很多不同的视角，而且随着不同成员的加入，每一个主题的讨论都更加丰富，是一种集合集体智慧的行之有效的方法。营造一个轻松愉悦的氛围，巧妙设置跨界交流机制，进行多轮次转换，聚焦主题，生发智慧，改善心智，促发创新行动是世界咖啡的核心要义。

第二，提问法。

授课是一门科学，更是一门艺术。传统的培训模式更偏重直接讲述内容，讲师试图通过语言传递大量的知识和信息给学员，至于学员能不能消化或者吸收，讲师就无从知晓了。而提问法是一种更高级的互动方法。孔子曰："学而不思则罔，思而不学则殆。"爱因斯坦说："提出一个问题往往比解决一个问题重要。"亚里士多德也说："思维从惊讶和问题开始。"很多时候我们都在探求某个问题的答案，殊不知问题本身才是永恒的。组织学习专家彼得·圣吉曾经与管理学大师彼得·德鲁克有过一段对话,当时彼得·德鲁克已经90岁高龄了,彼得·圣吉说:"大多数经理人都被问题所扰。"彼得·德鲁克说:"你要学会与问题共同生活,而不是去解决问题。等你到我这个年纪的时候,你的身体就会到处都是问题,如果你不想被问题所扰的话,那你就得躺在棺材里了。"这些智者告诉我们,我们不是要解决问题,而是要学会与问题共存。讲师在课堂上提出高质量的问题,引发学员卓有成效的思考,可以只给问题,不给答案,问题本身就是答案,如果答案还没有显现,只能说明问题问得还不太到位。

提问的方法和框架很多,课堂上比较适用的是苏格拉底提问法。苏格拉底提问法由希腊著名哲学家苏格拉底创造,它的大致思路是:讲师先隐藏自己的观点,通过不断向学员发问的方式,来引导学员在思考中得到讲师想要的观点。通俗地讲就是讲师把要讲的内容事先翻译成问题,自我退后,学员在解决问题的过程中获取知识。这种方式可以让学员主动参与到课堂中来,极大地提升培训效果。

苏格拉底提问法通过连续发问,让被提问者理性思考、拓展思维、启迪智慧、获得启发、找到真知,最终收获属于自己的结论,有效地将讲师的思想装进了学员的脑袋。学员会认为这不是讲师给我的东西,而是自己内生出来的,从而在认知和情感上达到双认同。神经科学认为学习是发生在神经元层面的,问题可以有效地帮助创建新的神经元连接或者强化原有的神经元连接,外在表现就是茅塞顿开,从而收获新的知识。建构主义教学理念中说,知识是学员主观加工的结果,问题是新旧知识之间的支架,讲师不应该直接传递新知,而应该把新知变成问题,让学员把玩问题之后自己得到答案。由此可见,苏格拉底也是建构主义的践行者。

在当今时代，获取知识非常便捷，大家缺的不是知识，而是消化知识的能力。很多学员甚至比讲师知道得都多，讲师应该在促进学员消化吸收方面下功夫。提问高手苏格拉底曾说："其实我一无所知。"难道他真的一无所知吗？其实他是"有意识无知"，这种状态会让他保持开放，带给自己无限可能性。反观一些自我感觉良好的讲师，太喜欢给别人提建议，就算是在提问环节，他也会偷梁换柱，把建议伪装成问题，偷偷地送给你。真正的高手都是带着觉察去探求那些自己不知道的东西的。

第三，游戏法。

人的本性都是追求快乐、逃避痛苦的。在课程中运用游戏法是个非常不错的选择，特别是在课堂气氛陷入沉闷的时候，游戏法总是特别给力。

但是，面对不同的学员，游戏法的选择也至关重要，通常面对企业老板、企业中高层管理人员、企业基层员工时，游戏的选择都要有所区别，例如有些幼稚的游戏是不适合中高层的，他们的时间都特别宝贵，会觉得在浪费时间。这就对游戏的质量和高度提出了很高的要求，同时游戏的时间和频率也是要着重考虑的要素。一般来讲，一个讲师在开展游戏教学时要特别注意以下几点：

（1）明确目的，游戏可控。

任何游戏的选择都要有清晰的目的，是为了活跃气氛，还是为了复习内容，抑或是为了促进理解等。游戏的目的一定要高度清晰，在目的清楚的基础上还要考虑游戏的可控性及可能出现的意外。

（2）正确引导，流程顺畅。

一般在做一个游戏之前，讲师一定要提前预演，熟知会出现的各类问题，以便能在讲课时及时引导学员。比如有些游戏会让学员全员参与，但会因各种原因卡在某一个学员身上进行不下去，这时讲师就要及时引导，可以进行辅助、提示、降低难度系数、跳过等，让游戏流程继续走下去。游戏是人在做的，只要是人干的事情都可能出错，讲师要保持关注，关注游戏的进程。

（3）安全第一，适时控制。

激烈的对抗是游戏法中常有的场景，在做游戏的过程中并非气氛越热烈越好，正所谓物极必反，做所有的事情都要有个度，讲师要拿捏好这个度，让游戏处在一个可控的状态之下。如果这个游戏有安全隐患，应果断放弃，做到安全第一，游戏第二。

第四，示范法。

示范法指的是讲师在学员面前讲解某种成熟的技巧及程序，同时展示相应的动作，最后让学员也能重复相同的技巧及程序。

在展示新技术、新产品、新理念方面，示范法比较奏效。"在干中学，在学中干"是契合时代的教学趋势，示范法正好迎合了这个趋势，示范的过程往往比较具体，学员可以亲自尝试，学员掌握快，见效也快，"百闻不如一见"讲的就是示范法。

示范法要求人数不能太多，对场地、温度、灯光、设备等要求较高，运用示范法时，一般要注意以下几点：

（1）准备工作。示范人员需要提前准备好相关的设备和材料，场地布置要保证所有学员都能够看清楚讲师的细微动作及道具。

（2）人员要求。示范人员必须具备丰富的经验，并掌握标准动作的要领。示范人员要和学员在示范的目的或目标上达成一致。

（3）示范过程。示范时可以配合适当的讲解及多媒体演示，让观看的学员都能看清楚，并理解讲师此次示范的过程；可以分解动作进行示范，使学员获得完整的观看过程；可以进行多次示范，直到学员彻底学会；示范结束后，可以进行重点回顾，并为学员答疑解惑。

第五，故事法。

对于讲师来说，讲故事是常用的授课方法，同时也是提升公众演讲能力的重要方法之一。人人生来就喜欢听故事而谢绝听道理，原因就是听故事调动了大脑中大部分区域的参与，用到了全部感官。要想讲好故事，讲师需要关注以下三方面：

（1）做好文字加工。

对描述故事的文字进行推敲加工，使其可以发动听众的视觉、触觉、听觉等感官参与，充分发挥大脑的联想作用，在大脑中构建故事场景，达到把听众代入场景的目的。

（2）注重声音加持。

在讲故事的影响力中，7%来自文字，38%来自声音，55%来自肢体动作。声音的运用，要重点从音量、语速、语调、停顿等方面做好控制，声音的加持对于讲故事不可小觑。

（3）强调肢体配合。

对于肢体语言的运用，参考维度有表情、手势、目光、走姿、站姿及教具的使用等，肢体动作丰富，语言就丰富，肢体动作生动，语言就生动，可以说肢体动作的演绎对讲故事起到决定性作用。

课堂互动的形式还有活动法、道具法、即兴表演等，这里不再赘述。随着时代的发展，各种形式层出不穷，但是背后的目的基本没变，再好的形式也要为目的和内容服务，否则就成了无源之水、无本之木。

# 第八章 进行高质量的控场

有哲人曾说，你只能控制你意识到的部分，而你意识不到的部分控制着你。讲师的控场大体可以从三个方面来阐述。一是事前控场，讲师要做足课前准备，把隐患扼杀在摇篮里。二是事中控场，计划不如变化快，讲师课前准备得再周详，也会有意外的事情发生，保持好冷静心态，遇事不慌，泰然处之。三是事后控场，这个阶段严格来说叫"救火"，事情已经发生，讲师能做的就是及时挽救，把损失降低到最小。大家认为的控场一般指的是事后控场。接下来，我就从培训前控场、培训中控场、培训后控场三个角度来详解讲师控场的一些细节操作。

## 第1节　培训前的控场

没有一夜成名，都是百炼成钢。要想达到"此处无声胜有声"的控场效果，讲师要在培训前做足准备工作，这个准备主要围绕学员、流程、修炼三个维度展开。

第一，没有调查就没有发言权：课前充分调研学员。

没有调查，就没有发言权。讲师服务的对象是学员，在对学员进行充分的调研之前，讲师是没有资格对学员发"言"的。我们对学员的信息掌握得越多，就对学员的了解越充分，对现场的控场越有信心。学员是课堂的主位，讲师是课堂的辅位，培训前控场的准备工作，第一个就应该从学员着手。

（1）深究学员所在行业。

俗话说，隔行如隔山，通常情况下，讲师是不会比学员更了解他们所处的行业的，一般看到的都是行业表象。讲师只处于"了解"水平是远远不够的，还要深入"研究"学员的行业。首先，每个行业都有大大小小的"坑"等着人去踩，有人把"坑"演绎成了事故，有人则演绎成了故事，讲师要对这个行业的"坑坑坎坎"做深入理解，做到如数家珍才行。其次，要了解这个行业的运营模式是什么？这个行业和其他行业有什么联系？这个行业中存在哪些利益相关者？这些利益相关者分别在行业中扮演什么角色？这个行业的发展前景如何？未来的发展趋势在哪里?最后,要了解这个行业的重点"客户"是谁,甚至不仅要了解"客户",还要了解"用户"。比如纸尿裤行业,"客户"是家长,"用户"是孩子,那么用户和客户的需求分别是什么?这个需求是不是刚性的?如果用户和客户的需求出现矛盾,你如何处理?可以说,对学员行业了解得越透彻,就越容易融入学员之中,高手讲师甚至会做到比学员更了解他们的行业。

麦肯锡公司的年轻咨询顾问之所以可以出去做咨询项目,为众多企业解决经营的难题,策划系统的咨询方案,本质上也是因为掌握了大量的行业数据库,对各个行业的信息了如指掌。

(2)探究学员的企业情况。

学员是在企业这个大家庭里面工作的,了解学员的企业情况至关重要。例如在企业文化方面,企业的愿景、使命、价值观是什么?在企业管理方面,企业的做事流程、规章制度是怎样的?在基础要素方面,人、机、料、法、环、测都是怎样的?课堂中,学员才是学习的主体,了解学员所在的企业情况,对于培训有事半功倍的效果,可以把深入了解的情况整合成案例加入教学环节,学员会有一种天然的亲切感。

(3)知悉学员的年龄阶段。

诗人臧克家在《有的人——纪念鲁迅有感》中写道:"有的人活着,他已经死了;有的人死了,他还活着。"我想说的是,有人正年轻,但已经老了,从成长的意义上来讲,老人不是指年纪大的人,而是指不学习新东西的人。按身份证上的年龄来看,年龄大的人通常比较理性,年龄小的通常比较感性,当然这也不是绝对的。比如"70后""80后""90后"三个时代人的区别,从对待领导的方式来看,"70后"认为领导最牛,领导最大;"80后"期待上下级和谐平等;"90后"眼中没有领导,自己就是领导。从朋友圈晒出的内容来看,"70后"晒情怀诗词，"80后"晒家中小神兽，"90后"晒潮流自拍。从见面聊的内容来看，"70后"聊股市投资，"80后"聊房子车子，"90后"聊网络购物。每个时代有每个时代的特点，没有不好，只有不同。讲师要学会接纳每个时代的学员，抛弃自以为是的理念，高举自以为非的大旗，融入学员的内心，也融入学员的时代。唯有这样，讲师才能持久地站在讲台上，也才有资格持续站在讲台上。

（4）了解学员的团队情况。

如果要更细致一些，讲师可以深入了解学员的团队情况。任何一家企业都要靠业绩去生存，而业绩都是由团队来创造的，不同的文化造就了不同的团队，一个来之能战、战之能胜的团队是企业制胜的法宝。讲师不仅要看到看得见的团队，还要看到那些看不见的团队。哈佛大学教授梅奥通过霍桑实验提出了"正式组织"这个概念，同时他还发现，在企业内部不仅存在着正式组织，而且存在着非正式组织。任何一个组织内都有可能存在着非正式组织，非正式组织是随着正式组织的产生而产生的。这种非正式组织一旦产生，就会和正式组织彼此渗透，并在各个方面对正式组织的活动产生影响。非正式组织一般是指人与人之间在工作交往之外，基于共同的感情、信仰、利益而形成的，不受组织机制、管理层级约束的自发性群体。非正式组织按照对组织的影响程度可以分为三种类型。

积极型的非正式组织传播的都是正能量，有利于形成良性的企业文化，甚至有些领导都会参与其中，与员工打成一片，倾听员工心声。这种类型的非正式组织，员工之间都是互相滋养的关系，而非内耗关系，最后的结果是大家一起成长，一起面对风雨。

有积极的，自然就有消极的。消极型的非正式组织传播的都是负面信息，传递的都是负能量、负情绪。他们会私下议论企业和领导的是非，不认同企业或者领导的做法。如果员工心里想的、嘴上说的、行为上做的截然不同，那么再好的企业文化也只能是口号和标语了。

最具杀伤力的就是破坏型的非正式组织，这种组织并不听命于所谓的正式领导，而是从属于群体中的"自选领袖"。通常一个组织内部会存在很多非正式组织，而且这些组织之间矛盾重重，甚至可能是敌对状态。这种类型的组织的存在会对企业文化和企业发展造成破坏性影响，需要时刻保持警醒。

讲师对于看得见的"团队"要了解，对于那些看不见的"团队"更要去觉察。

（5）了解学员的家庭状况。

如果讲师能够做到了解学员的家庭情况这个层次，可以说是"至尊级"了。学员愿意把自己的家庭情况告知讲师，也说明师生信任程度的升级。坐在教室里面的学员并不是一个简单的学员，他至少受到来自家庭成员、同事朋友、引路名师三者的影响，其中来自家庭的影响最大，熟知学员家庭状况无疑更有利于把握学员的整体情况。我曾经给国内某平台培养讲师，当时规划的是每个月上三天课，一共上十个月结业，这样我们就有30天待在一起。由于时间比较长，大家都互相产生了信任，有的女学员自己结业后还推荐老公，甚至孩子来上课。

讲师是传道、授业、解惑的人，有时并不是讲师讲的内容不好，而是人不对。只要学员没听懂，其实讲师就有不可推卸的责任，这个责任就是要对学员做充分的了解。无论是行业特征、企业背景、年龄阶段、团队情况还是家庭状况，都是值得讲师去尽心了解的。

第二，没有彩排的流程不是好流程：流程推演。

做大型项目时，开展项目推演是很多优秀公司的常规做法，培训项目也是如此。培训项目开始的前期，讲师应该按照培训流程反复去做推演，通过推演去预想可能出现的情况，以便设置预案。

心理学家研究发现，脑中推演和实际去做在大脑中产生反馈的区域和强度相差无几，这说明脑中推演对于实际去做的巨大帮助是显而易见的，本质上用的就是同一片大脑区域。例如训练演讲技能的人，闭上眼睛，想象自己走向讲台，然后再想象通过互动与学员交流。这种方法之所以能够提高人的演讲技巧，本质上是因为大脑更适应熟悉的事物，对经历过的事情会快速做出反应。在大脑中不断"演练"，大脑就会建立一个稳定的反应机制来应对你实际要做的事情。

第三，行有不得，反求诸己：讲师的修炼。

培训开始前，讲师的自我修炼同样重要。培训就是讲师和学员的一种交互、一种对话。讲师的修炼是控场的根基，讲师的修炼可从以下几点着手，如图8-1所示。

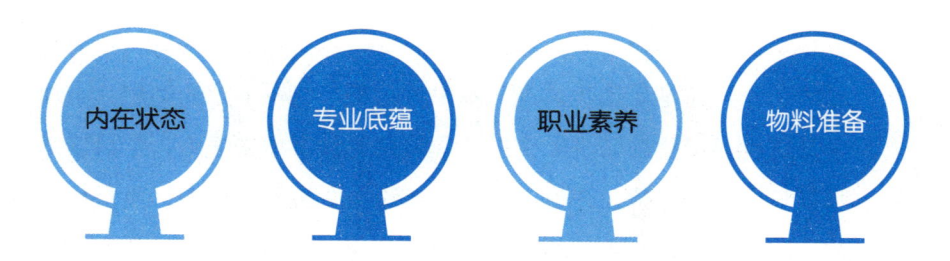

图8-1 培训前讲师修炼的四个要点

（1）讲师的内在状态。

人都会受环境的影响，你受别人的影响，同样你也会影响别人。培训现场通常是一对多的场景，讲师的状态会直接影响到学员的状态。我周围有很多成熟的职业讲师，他们的年讲课天数可以达到100~200天，起初我的巅峰状态也可以达到150天左右，这里的150天指的是在课堂上，不包括往返交通时间。讲课天数考验的是体力，我很快就发现自己体力不支，无法保证充足的睡眠，状态自然不好，其实这也是对学员的不负责任。后来，我很快调整节奏，把每年的授课天数控制在100天以内，其他时间用来健身、娱乐和学习，把自我状态调整至最佳。讲师传播给别人的不仅仅是知识，更重要的是生活态度。试想一下，一个讲师连自己的生活都处理不好，又怎能为人之师呢？

（2）讲师的专业底蕴。

讲师是个手艺人，讲、听、问、答、评要样样精通。讲课既要有理性，让学员学到干货，又要有感性，给学员美好的体验。聆听学员诉求时，讲师既要听到事实，又要听到背后的感受与意图，倾听能力是讲师能力系统的重中之重。讲师要发问启发学生，判断一个讲师的水平如何，看他提出的问题好坏就是方法之一，好的问题能够启发学员大脑深度思考，学习在不知不觉中就发生了。讲师要解答学员困惑，传道、授业、解惑是讲师的天职，如何解答学员的疑惑来引领学员的成长，是直接告知学员答案还是促动学员进一步思考，都是值得考虑的问题。讲师要对学员进行评价反馈，讲师传授完本领就要让学员去演练，学员演练完讲师要给予反馈评价，评价别人最能考验一个讲师的功力，学员什么情况都可能会出现，而讲师的点评要切中要害，评的能力是讲师的核心能力之一。除了讲、听、问、答、评五项基本功外，讲师在专业领域的知识和经验也特别重要。比如一位医生，他的医学知识和临床经验都很重要，医学知识保证他能给病人专业的指导，临床经验保证他能上台操刀手术，这两者只能靠时间积累，没有捷径可走。医者仁心，大爱无疆，救死扶伤，关键时刻靠得住的就是知识与经验。

（3）讲师的职业素养。

清华大学校训"自强不息，厚德载物"八个字虽然是对清华学子的鞭策,同样也可以作为讲师该有的职业素养。

"自强不息"要求讲师具有奋发图强、勇往直前、争创一流的品格。

"厚德载物"要求讲师具有团结协作、严于律己、无私奉献的精神。

这里特别要提到讲师的职业道德,讲师通常都是具有某一技能特长的人,德不配艺就容易酿成大祸。

如果把"能耐"比喻为"轮船","德"就是一个"大海",一个讲师的德大了,就像有了一个很大的大海,就可以承载很多轮船,多大的轮船都有地方去安放。一个讲师如果只有能耐,没有太多德行,就如同轮船在小河中航行,迟早会搁浅。所以,"厚德"才能"载物",做人只有厚德,才能从容驾驭各种困难处境,就像老子所说的"上善若水",水有三德,即滋润万物、与世无争、海纳百川。人世间所有的事情无非就是做人和做事,从做人来讲,就要宽以待人、豁达大度、海纳百川;从做事来讲,就要奋发图强、励精图治、积极向上。为师之道最后就是为人之道。

(4)讲师的物料准备。

物料准备虽然是助理级工作,但是讲师要根据教学目标和教学活动列出所需的清单交给助理,这些清单内容包括:

1.现场设备,例如电脑投影仪、外接有源音箱、外接笔记本音频线、笔记本电脑、U盘、激光翻页笔、无线麦克风(可以准备两个,讲师用和学员用)、接线板、录像机、三脚架、数码照相机、录音笔等。

2.教具物料,例如主题条幅、讲师饮用水、铭牌、大白板或海报架、大铁夹、白板笔、白板擦、A1白板纸、白纸胶贴、A4白纸、学员用笔、透明宽胶带、长尾夹、订书机、便利贴、扑克牌、证书等。

3.文本资料，例如培训资料袋、培训日程、注意事项、培训签到表、学员名册、分组等。

4.其他物料，例如优胜小组奖品、课间点心、茶水、天气建议、常备药品等。

任何一次培训都是一次系统工程，需要用系统思维来运营。培训的各个环节都要梳理清楚，层层落实，俗话讲"细节处见功夫"，物料的准备同样不容忽视。

凡事预则立，不预则废。一场培训的控场到底如何，其实在培训开始前就已经大致确定了。事后的控场实际上是"救火"，事前的控场才是高级的控场。高级的控场并不在课堂后，也不在课堂中，而是在课前的充分准备上，有效的准备比培训本身更重要。

## 第2节　培训中的控场

能够事前控场的高手毕竟是少数，在整个国内也是凤毛麟角。古语讲，求其上得其中，求其中得其下，求其下而不得，不能成为高手，成为一个次高手，也是一种不错的选择。如何做到在培训中有效控场？可以尝试从以下几方面来进行，如图8-2所示。

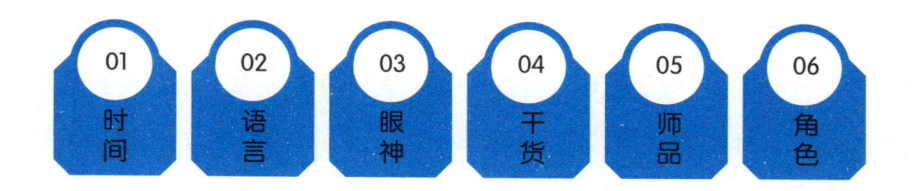

| 01 时间 | 02 语言 | 03 眼神 | 04 干货 | 05 师品 | 06 角色 |

图8-2　培训中有效控场的六个方面

第一，时间控场。

所有事情都逃不开时间的魔咒，不管你愿意还是不愿意，今天都会过去，一场培训随着时间的流逝，有开始必然有结束。对于讲师来说，时间永远是有限的，一分钟有一分钟能干的事情，一个小时有一个小时能干的事情，一天有一天能干的事情，切忌把需要一天干的事情试图用一个小时来做完，否则看似提高效率，实则恰恰相反。

和时间有关的另外一个概念叫流程，培训自然会有流程，随着流程的一步步推进，时间也在不断流逝。时间线、内容线、方法线、情绪线等，这些都是明线，背后的暗线就是流程线，流程线把控着培训的进度。

实际上，一场培训活动的时间用在哪里，培训效果就在哪里。如果大部分时间都是讲师在讲解，学员根本没有时间练习和转化，又何谈培训的效果呢？讲师在时间方面应该提高觉察力，视情况把课堂大部分时间还给学员，让学员去体悟和转化，可以说"闭嘴"是讲师必修的一门课。讲师的时间+学员的时间=课堂的时间，给讲师的时间多了，学员的时间自然就少了，从这个角度来讲，讲师讲得越少，学生学得越多。

第二，语言控场。

讲师是用语言来传播自己思想的，这种语言包括有声语言和无声语言。有声语言指的是通过声音和语气语调来传递信息，无声语言指的是肢体动作和微表情等内容。

运用语言的魅力来持续不断地吸引学员的注意力，是语言控场的核心目的。同样的内容，同样的场合，一个讲师在讲授时，学员激情满满，注意力高度集中；而另一个讲师在讲授时，学员却是昏昏欲睡，感觉多待一分钟都是在浪费自己的生命。两者最重要的区别就是在语言、声音的表达上。

良好的语言表达会给听众一种美好的体验，表达欠佳的语言就是噪音。声音的抑扬顿挫、起起伏伏，会给学员一种画面感，好的语言表达是能够"看到"标点符号的，是带有情感的，犹如钢琴上的琴弦把每一个音符都送到听众的耳朵里面。要想达到这样的效果，讲师就要做到全身心投入，投入心力和能量，否则充其量就是个培训的机器。能量若在，语言就在，就能控场。

第三，眼神控场。

俗话说"眼睛是心灵的窗户",透过眼睛可以看出一个人的内在状态和气质修养。孟子也曾言:"存乎人者,莫良于眸子。眸子不能掩其恶。胸中正,则眸子瞭焉;胸中不正,则眸子眊焉。听其言也,观其眸子,人焉廋哉?"翻译成白话文,意思就是说:"观察一个人,再没有比观察他的眼睛更好的了。因为眼睛不能掩盖一个人的丑恶。心中光明正大,眼睛就明亮;心中不光明正大,眼睛就昏暗不明,躲躲闪闪。所以,听一个人说话的时候,注意观察他的眼睛,他的善恶真伪能往哪里隐藏呢?"观察眼神,洞若观火,眼神是无法掩饰的。

眼神交流和语言交流同样有效果,眼神控场是能量十足的一种控场方式。整个培训过程中,讲师要学会通过眼神去传递爱意和对学员的关注。试想,一个不敢用眼神与学员交流的讲师,他的内心到底缺什么呢?眼神代表自信,眼神代表能量,眼神代表心态,眼神代表爱意,眼神代表影响力,你用眼神控场了吗?如果没用的话,赶紧用眼神去传递正能量吧!

第四,干货控场。

内容为王是任何一场课程不变的法则。有学者研究发现,在微信圈里面传播最多的项目有三类,一类是体验类的,比如需要动手测试自己性格的;一类是情怀类的,比如深入人心、与情感共鸣的文章;还有一类就是干货类的,比如工具方法类的实用文章等。好的内容俗称干货,运用干货控场也是重要的手段,好的内容不仅能够吸引学员的眼球,更能抓住学员的注意力,还能捕获学员的内心。

我曾经观摩过一位大学教授的讲座,从头到尾没有运用任何教学技巧,就是因为内容足够精炼、足够稀缺、没有水分,能够吸引学员发自内心地全程跟随下来,整个过程没有任何人打瞌睡。反之,如果你的内容不是干货,又没有好的授课形式,那么学员就没有兴趣陪你玩了。

课堂最高的功夫就是课程内容，电影、电视剧最高的功夫就在剧本。金庸系列的电影、电视剧之所以一演再演，观众毫不厌烦，就是因为原作剧情太经典了，根源在内容本身。

第五，师品控场。

讲师的人品，我们称之为师品。如果一个讲师的师品不过关，给学员的感觉就是盛气凌人、咄咄逼人、自以为是等，这样的讲师没有把学员当回事，学员自然也不会把他当回事。哪里有"压迫"，哪里就有"反抗"，学员对这样的讲师内心充满抗拒。如果一个讲师的师品过关，师德师风深受学员喜爱，学员自然会跟随讲师的节奏，共同维护好师生共修的道场，控场是顺其自然的事情。

师品是所有事情的基础，讲师也是人，学员也是人，人与人之间的交流，重在人品。事在人为，做任何事情先做人，人品不行，所谓的专业、技术、能力等都是一种祸害，拥有的越多，破坏力越大。一场培训、一次活动，就是讲师与学员一次人品的碰撞，看得见的是课程内容、教学活动，看不见的是讲师的师品。每个人都像一座冰山一样，能被外界看到的行为，只是露在水面上很小的一部分，而隐藏在水面之下更大的山体，则是一个人真正的内在。内在影响外在，内在才是根本。

第六，角色控场。

一场培训应该以学员为中心，以讲师为引导，以课程为载体来进行。可以说，讲师要对自己的角色重新定位，学员是主角，讲师是配角。配角是为主角服务的，如果讲师觉察到越位了，要能够及时回到自己的位置上来。

一旦有了"服务"的意识，讲师就要服务好整个现场，服务好每个学员，处理好每种情况，执行好每个活动，让在场学员轻松愉悦、有趣有情、全程参与，让课堂秩序井然、有条不紊、持续高能。放低姿态，学会低头是门功夫,学员好才是真的好,把学员服务好才是讲师真正的能力。

以上盘点了作为一个讲师在培训中的控场点,不论是时间、语言、眼神,还是干货、师品、角色,都需要持续的积累和修炼。"咬定青山不放松,立根原在破岩中",讲师也要像竹子一样顽强又执着,历经无数磨难,方能扎根于自己的青山。

## 第3节　培训后的控场

关于讲师如何控场，最好的控场就是事前控场，培训前做好充分的准备，不让"救火"的事情发生；其次是培训中的控场，根据环境随机应变；最后才是不得不面对的事后控场，接下来就谈谈如何直面"救火"式的事后控场。课堂中遇到了突发事件，该如何处理呢？

从我几百次培训的经历来看，事后的控场一般有以下几种情况比较常见：

第一，讲着讲着突然忘词了，怎么办？

新手讲师，或者老手讲师遇到新课程时，都会出现忘词的情况，出现忘词代表你对内容不够熟悉，没有达到从潜意识中提取的状态，此时可以考虑运用一些小技巧帮助自己慢慢回忆。

（1）重述。

艾宾浩斯告诉我们，遗忘在学习之后立即开始，而且遗忘的进程并不是均匀的，最初的速度最快，以后逐渐变慢。不断重复学习的内容，有利于人的记忆。如果想不起来，你可以重复一下你刚才讲过的最后一句话，虽然是一句无意义的重复，但有可能帮助你想起下面的内容。比如我们在背古诗《咏鹅》的时候，一说"鹅，鹅，鹅"就很容易接上下一句"曲项向天歌"，"曲项向天歌"就很容易接上下一句"白毛浮绿水"。

（2）停顿。

比如可以询问"刚才讲的核心内容，大家都理解了吗""大家对核心内容有何不同看法"，然后环视学员，短暂的停顿能让你有时间去回忆遗忘了的话，也给了学员大脑思考的时间。这时你也可以采取一些小技巧，比如趁学员思考的时间去看看PPT或者备注等。

（3）忽视。

电脑用久了需要优化整理，甚至格式化清零，电脑内存有限，文件太多了，系统容易崩溃，人脑也是如此。家里的日常用品破旧了不及时丢弃，家就会成为破烂聚集地；当我们学的东西不具有一生保存的价值时，不及时清理，脑袋里将全是"垃圾"。讲师在讲课时如果忘词了，也未必不是好事，说明大脑在自动清除不太重要的东西。如果讲师真的一时想不起来，就暂且不提，先讲下面的内容。虽然这样做可能会漏掉一些内容，但总比讲师边想边说，或发呆不说话要好很多。

第二，被学员现场问住了，该怎么办？

人的认知都有局限，哪怕一个人知识再渊博，也会遇到自己解决不了的问题。你知道的，学员未必不知道，你不知道的，学员也未必不知道，人人都是讲师、人人都是学生的时代已经到来，一个人的智慧永远比不过一群人的智慧。讲师在台上侃侃而谈时，难免遇到回答不了学员问题的情况，那么遇到这种情况，该做如何处理呢？

（1）转移大法。自己没有答案，别人不一定没有答案。这时讲师可以把问题抛给别的学员，问问别的学员会怎么处理？如果学员回答上来，正好可以启发讲师；如果学员回答不上来，可以尝试转移给小组来集体讨论，时间允许的话可以转移给全班集体讨论，由用讲师一个人的大脑转为用全班所有的大脑来解答问题。当然，转移大法除了用于转移给人，还可以转移给时间、空间等。比如"这位同学，你这个问题问得特别棒,我们课下单独解决好吗?""这位同学你好,你的问题我们下课去办公室再聊,好吗?"

(2)大事化小法。当你意识到学员提出的问题是一个比较大的问题时,你可以引导对方将一个大的问题分解为若干个小的问题,逐个击破,从而实现大问题的解决。比如有的学员问:"讲师,如何解决公司质量管理的问题呢?"这个问题其实比较大,你可以引导他把问题分解为人、机、料、法、环、测的六个问题,逐个讨论去解决,这就要求讲师具有完整的知识体系积累,没有这个也是白谈。

(3)故事演绎法。记得在一场辩论会上,有个学员反对我的观点(其实我很高兴,说明他在积极思考,有自己的主张),当时我没有直接和他辩论,而是给他讲了一个《子贡问时》的故事。

早晨,孔子的学生子贡在院门口打扫卫生,一位客人到了,想向孔子请教时间的问题。子贡自告奋勇地说:"这个问题我知道,我可以回答你。"

于是客人问子贡:"一年有几个季节呢?"

子贡答道:"一年有四季。"

客人说:"三季!"

子贡理直气壮地说:"四季。"

客人毫不示弱地说:"三季!"

"四季!""三季!"

两人争论不休,到中午也没消停。孔子听到声音,从院内走出来,子贡立刻向孔子禀明原委。

孔子先是不答,观察了一阵后说:"一年仅有三季。"

客人听了这话,便大笑而去。子贡再追问孔子时,孔子却答:"一年有四季啊。"子贡不解。

孔子语重心长道："此一时彼一时，方才那人一身绿衣，就像田间的蚱蜢，春天出生，秋天就死去，又何尝知道冬天的存在呢？你要跟这样的人争论，三天都不会停止的。"子贡听了，深以为然。

学员听完这个故事，当时就坐下了，我想他也已经知道了答案。有人的地方就会有江湖，有江湖的地方就会有是非，这个世界没有两片相同的树叶，不同的世界观，造就了不同的人生。

会讲故事，是一个讲师的重要能力，运用故事回答学员的问题，可以达到"随风潜入夜，润物细无声"的效果。没有任何一个人愿意放下自己多年的经验，去轻信别人的夸夸其谈，让人口服容易，让人心服比登天还要难。故事在沟通中会起到一个缓冲的作用，供提问者思考，最后提问者得出自己的解释，然后做到自己说服自己。

宋代诗人范仲淹在《岳阳楼记》中说："不以物喜，不以己悲。"这句话是非常有道理的，面对是非，如果不想被是非牵着鼻子走的话，不妨先放下我执，藐视它，做到心胸豁达，方能处事深远。

讲师被学员问住时，对外可以采取转移大法、大事化小法、故事演绎法等方法去化解，对内则要反思自己的知识体系是不是该更新了。学员的问题就是讲师该学习的主题，要想持续领跑学员，讲师唯有不断学习，才能待在原地。

第三，现场时间没有把控好，怎么办？

讲师没有把控好时间，会给人非常不专业的感觉。关于时间的把控通常会出现三种情况。

（1）课程内容刚讲一小部分，发现时间不够用了，还有大部分内容没有讲。这个时候讲师要学会抓住要点去讲，管理学中有个"帕累托法则"，20%的内容决定了80%的效果，抓住那20%，学员照样会感觉有收获，"少就是多"可以在这个时候体现得非常完美。

（2）大部分内容已经讲完，发现还有大量剩余时间。初级讲师面对这种情况会不知所措，正确的思路是详细回顾+课堂练习+补充延伸。详细回顾指的是带领学员进行知识体系全盘复习，可以采取多种方式来进行，比如互问互答、分组PK等方式。课堂练习是指让学员运用所学知识进行相关练习，讲师的讲解是输入，学员要想把讲师的东西转化为自己的东西必须经过练习。相对于课下练习来说，课堂练习更为重要，如果学员在课堂上都没有感觉，没有想学以致用的冲动，课下运用只能是天方夜谭了。补充延伸指的是讲师可以补充延伸一些相关知识，可以从现有知识体系的宽度、深度和高度三个方面去考虑延伸，这个要求讲师具有丰富的知识储备。

（3）试讲演练。时间不可控的主要原因是没有提前预演，如果准备时间充足的话，可以在开课之前组织试讲，通过试讲合理规划时间，做到心中有数。

第四，学员对讲师提出挑战、质疑，怎么办？

首先，讲师要有一个心理准备，那就是一定会有学员质疑讲师的观点甚至反对讲师的观点，这属于常态。质疑不在这一场培训出现，就会在下一场培训出现，没有学员质疑讲师那才不正常，包括当年的牛顿、爱因斯坦、莱特兄弟、乔布斯、德鲁克等，都有很多人质疑他们。正是因为有了质疑和挑战，讲师和学员才会成长，社会才会进步，而历史的车轮正是在一步步质疑中前进的。课堂也是如此，没有不可以挑战的权威，也没有不可以超越的理论，讲师只有不对自己设限，才有无限发展的可能。倘若把"人人是讲师，人人是学生"的理念植入内心，那课堂上根本不存在质疑和挑战这回事，因为任何一方的发问和质疑都是对方学习的机会。学员的提问和质疑只是外在表现，讲师的内在状态才是应对一切的良药，正所谓：上善若水，大道无形。

其实，没有谁能够说服别人，人们只是暂时自己说服了自己。这里我不想从具体"术"的层面来阐述应对学员的策略，我想从"抽离"和"介入"两个角度来回答应对之道。首先是"抽离"，从心理学的层面来讲，任何人遇到一些和自己头脑中原有认知不同的看法时，新的认知会和原有的认知产生冲突，此时这个人一定要给自己一个合理的解释才可罢休，如果自己说服不了自己，他会整晚都睡不着觉。我觉得，面对学员的质疑时，讲师要带着觉察去适当"抽离"，运用一连串的发问，引导学员自己找到答案。讲师不要站在自己的立场去辩论，一旦陷入和学员的辩论，就激发了学员的防御机制，一场斗争就开始了，此时讲师实际上已经输了。西方哲学家苏格拉底与人对话时就常用这种方式，先把自己放空，然后通过一连串的发问，让对方自己探索出答案，从而认识到自己的盲区，苏格拉底表面上没有给答案，没有给解释，实际上答案就在对方的心中。其次是"介入"，除了"抽离"，讲师应对学员的质疑时适当地"介入"也是可以的，主要看学员的水平和状态。如果学员是婴儿般的小白状态，讲师通过"介入"为学员补充一些基础知识是相当必要的；如果学员是身经百战的"老腊肉"，讲师就可以"介入"得少一些。"介入"的目的在于给对方补充空白信息，使其能看到"大象"的全貌，因为很多人在并不了解事情的全部信息时，只凭借自己看到的局部信息就开始下结论了。讲师与学员没有对错，只有视角不同。

第五，其他情况该怎么办？

你能控制的东西只有你预料到的，你预料不到的东西在控制着你！凡事都有例行和例外两种情况，比如现场讨论发生争执、学生上台就晕倒、讲师服装出现破洞、PPT及演示设备失灵、活动过程中引发争议等，这些都是在变化中突然发生的，人永远都无法穷尽所有可能发生的情况。这里想谈的是以不变应万变，这个"不变"我把它概括为"一心、一专、一诚、一律、一赢"（如图8-3所示）。

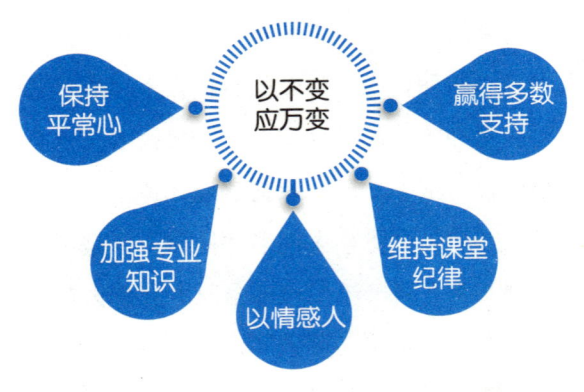

图 8-3 应对突发情况的五个核心要点

一心：所有该发生的事都会发生，讲师要用一颗平常心看待发生的一切，学员的质疑、挑战都是非常正常的事情，讲师千万不要自乱阵脚、失了方寸，搞得自己焦头烂额。讲师和学员针锋相对地进入对抗模式，一般不会有什么好结果，也是控场的大忌。海纳百川，有容乃大，作为讲师，我们应该有海一样的胸怀去接纳不同的声音、不同的观点。即使对方是吹毛求疵、鸡蛋里面挑骨头的那种人，倘若讲师具备了这种平常心，做到从容面对、镇定自若，那么还没出手，已经胜券在握。

一专：很多危机的出现往往都是因为就专业论专业，你在专业领域的深度就决定了你能不能让对方信服。培训讲师也是个手艺人，讲、听、问、答、评、编、导、演等专业技能，要样样精通才行，面对学员的质疑与挑战，如果能从专业的角度以理服之，那危机就应该能很快化解。T型人才就是对讲师一个很好的要求，从纵向来讲，讲师要深挖专业，成为万米深的专家；从横向来讲，讲师要触达其他交叉学科，在各个领域都要懂一些。

一诚：除了脑与脑的连接，信息与信息的交换，讲师与学员之间还有心与心的交流。如果说"一专"是以理服人的话，那么"一诚"就是以情感人。当你带着真情实意去帮助学员，去授课时，你就具备了巨大的能量，不论学员对你有怎样的质疑与挑战，当他感受到你这颗赤子之心时，心中有再多的不满也会烟消云散，这就是"心诚则灵"，这就是"爱是一切问题的答案"。

一律：无规矩不成方圆，当一群人在一起学习时，难免有不守规矩之人。讲师需要在课前确定立场、宣布纪律。例如，规则一，当个人问题与团队目标有冲突时，请以团队目标为优先，保证培训活动的顺利进行；规则二，在保证课程进度的情况下，允许不同声音的出现；规则三，人人是讲师，人人是学生，尊重每个人，尊重每个人的观点等。类似的规则纪律，大家要在课程一开始就达成共识才行。

一赢：票数越多，胜算越大。讲师在培训现场要赢得绝大多数人的支持才行，正所谓"得道者多助，失道者寡助"，面对争议、挑战时，如果有大多数人为你站台，为你撑腰，接下来你的控场就简单多了。那么怎样才能赢得大多数学员的信赖呢？也许是你的个人魅力，也许是你的远见卓识，也许是你的一个眼神，也许是你的真心实意，也许是你的风趣幽默，也许是你的为人处事。不管是哪种答案，总之吸引学员的一定是正向的、正能量的东西，努力去做一个传播正能量、赢得大多数人支持的讲师吧。

# 后　记

要说讲师的最终归处，那一定是精神性的归处，愿这本简单的书，能给你的精神以滋养。《左传·襄公二十四年》有言："太上有立德，其次有立功，其次有立言。虽久不废，此之谓不朽。"可以说，立德、立功、立言，这"三不朽"就是讲师的毕生追求，也是做人的终极追求。

首先立德，厚德载物，以德服人。一个人的德性是放在最前面的，如果德不配位，必将陷入至暗时刻。立德做人是立功、立言的基础和前提，没有了这个就如同一座大楼没有了根基，摇摇坠坠，最后轰然倒塌只是时间问题。

其次立功，踏实做事，讲求奉献。企业就是一群平凡人聚在一起干出了不平凡的事情，做事情需要激情，也需要方法，不必太苛求结果，结果顺其自然就好。诗人汪国真有句话特别好："我不去想是否能够成功，既然选择了远方，便只顾风雨兼程。"有些事你功利心太强，反而难以做好，立功而不自傲，有奉献精神是成为大家的基本素质。

最后立言，显性表达，不断传承。把立德做人、立功做事过程中的所感所悟用文字的方式记录下来，将隐性的东西显性化，把自己的思想、观点、精神、想法、战略、技巧等传之于世，给后人以启迪和鞭策，是一件非常有意义的事情。

作为一名讲师，就应该把"立德、立功、立言"作为自己的人生信条，努力去践行它，去成就它，让自己在讲台上成为一道光，实现诗人泰戈尔的"用生命影响生命"。

用生命影响生命

把自己活成一道光，
因为你不知道，
谁会借着你的光，
走出了黑暗。
请保持心中的善良，
因为你不知道，
谁会借着你的善良，
走出了绝望。
请保持你心中的信仰，
因为你不知道，
谁会借着你的信仰，
走出了迷茫。
请相信自己的力量，
因为你不知道，
谁会因为相信你，
开始相信了自己……
愿我们每个人都能活成一束光，

**绽放着所有的美好！**

  最后感谢我的女儿笑笑、儿子阳仔、夫人雪花梨的大力支持，家和万事兴，有了家人的支持，便有了强大的能量流，最后带给学员的不仅仅是知识，更是正能量。如果你想给别人一杯水，自己首先要有一片海，讲师是海，海纳百川！如果你对讲师这个职业感兴趣，那我们一起启航吧！

2022年9月27日
青岛